_____ 드림

초등 4~6학년

자기주도
학습

자기주도
학습 _{초등} 4~6_{학년}

초판 1쇄 인쇄 2012년 4월 17일
초판 1쇄 발행 2012년 4월 24일

지은이 최정금 · 정혜전 · 정희연

발행인 장상진
발행처 경향에듀
등록번호 제313-2002-477호
등록일자 2002년 1월 31일

주소 121-883 서울시 영등포구 양평동 2가 37-1번지 동아프라임밸리 507호
전화 1644-5613 | **팩스** 02) 304-5613

ISBN 978-89-6518-056-2   13370

· 값은 표지에 있습니다.
· 파본은 구입하신 서점에서 바꿔드립니다.

경향에듀는 경향미디어의 자녀교육 전문 브랜드입니다.

자기주도
학습

초등
4~6
학년

최정금·정혜전
정희연 지음

경향에듀

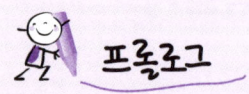

공부는 앞으로 살아갈 인생의 자양분을 얻는 과정입니다. 사람에 따라서는 나이가 더 들어서 공부를 시작하기도 하지만 그 출발점이 초등학교 시절부터라는 사실은 변함없습니다. 특히 초등학교 4~6학년은 중·고등학교 공부의 질을 좌우하는 아주 중요한 시기입니다. 한 개인으로서는 일생 동안 거칠 삶의 여정을 보다 풍요롭게, 보다 알차게, 보다 자신 있게 보낼 수 있도록 스스로 준비할 수 있는 알토란 같은 시간이지요.

초등학교 저학년에 비해 고학년이 되면 공부할 내용이 많아지고 어려워지므로 자녀가 현재 교과 과정을 잘 따라가고 있는지 정확하게 진단해야 합니다. 부족한 부분을 채워 기초를 튼튼히 하고 공부 방법이 올바르지 않다면 효율적으로 공부하는 방법을 습득하게 해 주는 것이 이 시기의 목표라고 할 수 있지요. 또한 학습 태도가 올바르게 형성되어 있는지도 함께 점검해 봅니다. 학습 태도가 잘 형성되어 있다면 유지하는 데 힘써야 하고 올바르지 않게 습관화되었다면 올바른 태도로 이끌어 주는 것이 필요합니다.

특히 이 시기에는 사춘기가 시작됩니다. 아이들이 정서적으로 매우 혼란스러워하고 예민해지고 반항하기도 하지요. 그러다 보니 부모와 자녀의 의사소통이 불편해지고 관계가 악화되기 쉽습니다. 그러므로 부모와 자녀가 어떻게 현명하게 대처할지가 중요한 고민거리가 되는 시기입니다.

이 책은 효율적인 공부 방법과 올바른 학습 태도, 자녀가 사춘기를 잘 보내도록 돕는 방법 등을 중심으로 쓰였습니다. 각 영역에서 가장 필요한 것은 무엇인지, 특별히 이 시기에 중요한 것은 무엇인지에 초점을 맞추었습니다.

본격적인 자기주도학습을 하려면 어떻게 해야 할까?

시험에 효과적으로 대비하려면 어떻게 해야 할까?

중학교 생활은 어떻게 대비할까?

4~6학년 공부를 잘하기 위한 부모의 역할은 무엇일까?

집에서 응용할 수 있는 학습 클리닉 노하우는 무엇일까?

1~3학년 시기에는 부모의 적극적인 도움으로 자녀가 학습 성과를 보여 줄 수 있었기 때문에 자기주도학습 능력을 기르는 토대가 어느 정도 마련되었을 것이라고 부모는 기대합니다. 그러다 보니 4~6학년이 시작되면서 부모는 아이에게 모든 것을 맡기고 '알아서 잘하겠지'라고 생각하기도 합니다. 그러나 초등학교 4~6학년은 자기주도학습이 완성되는 시기가 아니라 자기주도학습을 본격적으로 연습하고 그 능력을 증폭시키는 시기임을 잊지 말아야 하겠습니다.

우리 아이가 스스로 공부하는 힘을 길러 나갈 수 있도록 지도하는 데 이 책이 작은 도움이 되기를 바랍니다.

2012년 4월

저자 최정금·정혜전·정희연

Contents

4~6학년, 새로운 10년 시작하기

사춘기 자녀의 문제 상황 대비하기

공부 잘하기를 위한 부모의 역할

집에서 하는 학습 클리닉

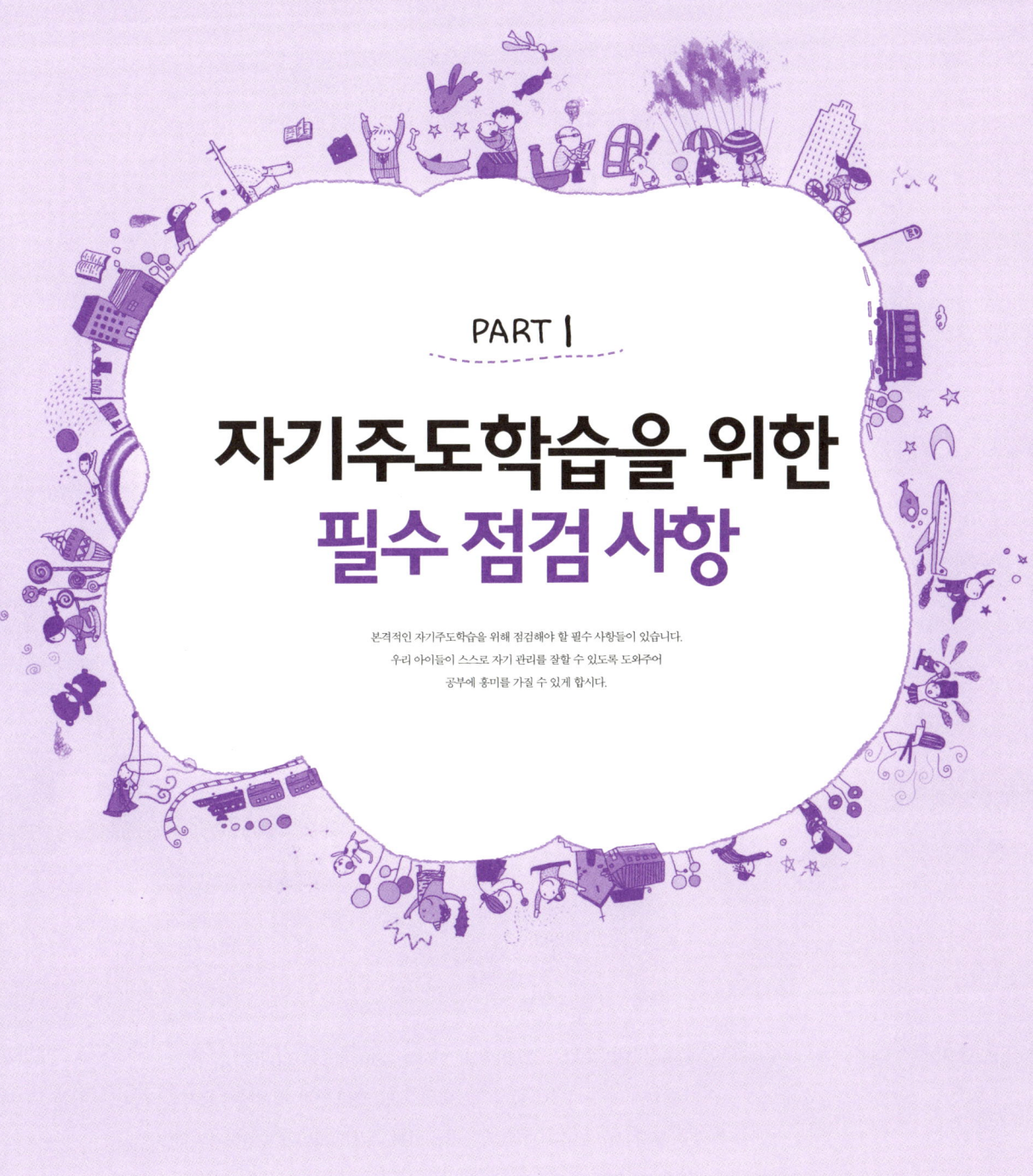

PART 1

자기주도학습을 위한
필수 점검 사항

본격적인 자기주도학습을 위해 점검해야 할 필수 사항들이 있습니다.
우리 아이들이 스스로 자기 관리를 잘할 수 있도록 도와주어
공부에 흥미를 가질 수 있게 합시다.

Chapter 1

자기 조절 능력에 따라 학업 성취도가 달라진다

'자기 조절 훈련'에서 가장 중요한 것은 해야 할 일을 위해 '원하는 것'을 참는 것입니다. 공부를 모두 끝낸 후에 하고 싶은 것을 하게 해 준다거나 아이가 인터넷, 게임, 휴대 전화, 텔레비전 등의 시간을 줄이면 칭찬을 해 주는 등의 방법으로 자기 조절 능력을 키워 나가는 것이 좋습니다. 자기 조절 훈련을 할 때는 행동 계약서를 쓰는 게 도움이 됩니다.

4학년 세원이는 미루거나 시간이 없어서 과제를 못하는 경우가 많습니다. 시간에 맞추어 좋아하는 텔레비전 만화 프로그램을 시청하고 온라인 게임 캐릭터를 위해 아이템을 구입하는 것이지요. 공부를 하려고 해도 자꾸 게임 캐릭터가 머릿속에 등장하거나 어떤 아이템을 살 것인지에 대한 생각이 떠오르곤 합니다. 텔레비전이나 컴퓨터를 켜지 않을 때는 휴대 전화나 휴대용 게임기로 게임을 합니다. 자기 전에 침대에서 휴대 전화를 만지작거리며 놀다가 늦잠을 자기도 하지요. 이러다 보니 하루가 금세 지나가서 공부할 시간이 늘 부족합니다.

 공부를 방해하는 유혹은 너무나도 많습니다. 재미있는 유혹거리가 주변에 넘쳐 나고 있지요. 그중에서도 특히 인터넷, 컴퓨터 게임, 휴대 전화, 텔레비전, MP3 같은 것들은 아이들의 공부를 방해하는 대표적 유혹거리입니다. 이런 것들은 하면 할수록 더욱 빠지게 되어 중독되기 쉽고 한번 빠지게 되면 하고 싶은 욕구를 통제하기가 매우 어렵지요. 어른들도 그 유혹을 뿌리치는 것이 힘든데 우리 아이들이야 말할 것도 없습니다. 각자의 전자 기기에 빠져 있느라 안 그래도 부족한 가족들 간의 대화 시간이 더욱 줄어들고 있습니다. 이런 것들에 깊이 빠지기 전에 시간을 잘 통제하여 중독되지 않도록 조절하는 것이 중요합니다. 중·고등학생이 되어서도 집중을 잘하지 못하고 충분한 공부 시간을 확보하지 못하는데 전자 기기 사용이 미치는 영향은 실로 엄청납니다.

많은 부모들이 아이들의 요구에 대해 비교적 쉽게 응해 주고 만족시켜 주는 경향이 있습니다. 아무리 사소한 요구라도 쉽게 들어주게 되면 아이들은 참고 인내하는 '만족 지연'을 배울 수 없습니다. 자신의 욕구를 적절하게 조절하고 유혹을 통제하는 능력을 '자기 조절 능력'이라고 하는데 자기 조절은 누구나 쉽게 잘할 수 있는 것이 아닙니다. 어릴 때부터 훈련하고 통제하는 연습을 꾸준하게 해야 가능한 일이지요. '자기 조절 훈련'에서 가장 중요한 것은 해야 할 일을 위해 '원하는 것'을 참는 것입니다. 공부를 모두 끝낸 후에 하고 싶은 것을 하게 해 준다거나 아이가 인터넷, 게임, 휴대 전화, 텔레비전 등의 시간을 줄이면 칭찬을 해 주는 등의 방법으로 자기 조절 능력을 키워 나가는 것이 좋습니다.

자기 조절 훈련을 할 때는 아이와 부모가 서로 의견을 주고받고 행동 계약서를 써서 지켜야 할 규칙이 눈에 보이도록 명시하고 계약서대로 진행하는 것이 중요합니다. 말로만 계약을 해 두면 나중에 부모와 자녀 사이에 갈등 상황이 벌어질 가능성이 많으니까요. 계약서의 내용은 구체적으로 세워서 나중에 실천 여부를 두고 논란이 되지 않도록 해야 합니다. 다음을 참고하여 자녀가 자기 조절 능력을 키울 수 있도록 지도합시다.

 **부모수첩 • 이 | 자기 조절 훈련 계획 세우기**

1. 현재 인터넷, 게임, 휴대 전화, 텔레비전 시청을 얼마나 하고 있는지, 하루에 공부는 얼마나 하고 있는지 자녀와 함께 체크합니다.

2. 1번에서 체크한 시간들에 대해 자녀와 함께 살펴봅니다.

3. 인터넷, 게임, 휴대 전화, 텔레비전 시청 시간과 관련해서 부모가 원하는 총시간과 자녀가

원하는 총시간에 대해 이야기를 나누고 절충안을 찾아봅니다.

4. 인터넷, 게임, 휴대 전화, 텔레비전 시청 등을 하루에 어느 정도 할 것인지에 대해 결정하였으면 구체적인 시간대를 정하는 것이 좋습니다(예 : 매일 8시~8시 30분, 텔레비전 시청은 원하는 프로그램 방영 시간으로 한다).

5. 시간을 잘 지켰을 경우 어떤 보상을 받을 것인지 아이와 의논하여 결정합니다.

6. 4~6번의 내용을 바탕으로 행동 계약서를 만듭니다.

세원이의 자기 조절 능력 키우기 행동 계약서

1. 텔레비전은 하루에 하나의 프로그램만 시청하겠습니다.
   〈시청 프로그램〉
   파구왕 ○키 : 월~금 오후 7시~8시
   피카○ : 토요일 오후 3시~4시
   ○박 ○일 : 일요일 오후 7시~8시

2. 컴퓨터 사용은 하루에 30분만 하겠습니다(숙제 관련 사용은 제외).
   매일 오후 8시~8시30분
   (단, 게임은 평일에는 하지 않고 토요일, 일요일에만 각각 1시간씩 하겠습니다.)

3. 휴대 전화 게임은 이동 시 차 안에서만 하겠습니다.

4. 공부 시간에는 휴대 전화와 게임기를 모두 부모님께 맡기고 공부하겠습니다.

위의 규칙을 지켰을 경우 각 항목당 매일 200포인트씩 적립할 수 있으며 5000포인트를 모을 때마다 문화 상품권으로 교환할 수 있습니다.

2012년 5월 8일

내 사인 : _____ 부모님 사인 : _____

Chapter 2

고학년은 학습동기가더욱 더 중요해지는 시기다

결과에만 지나치게 신경 쓰다 보면 배우는 과정에서의 기쁨을 느끼지 못합니다. 실패할 것이 두려워 선뜻 시도하지 못하겠지요. 결과가 좋지 않더라도 아이가 배워 가는 과정에 있다는 것을 잊지 말고 조금씩 발전해 나가는 것을 칭찬해 주고 배워 가는 과정 자체를 중요하게 느낄 수 있도록 지도합시다.

4학년이 되면서 범준 엄마는 범준이에게 논술 수업을 시켜야겠다고 생각했습니다. 도통 책을 꺼내 읽지 않고 어쩌다 꺼내 읽어도 앞에 몇 장만 볼 뿐 끝까지 읽는 일이 거의 없기 때문에 엄마는 그런 범준이가 너무 걱정되니까요. 이웃 엄마들을 통해 들어가기 힘들다는 논술 그룹의 빈자리를 얻은 범준 엄마는 당장 등록부터 하고 범준이에게 다음 주부터 가면 된다고, 가면 선생님이 다 알아서 해 줄 거라고 안심시킵니다. 이번 논술 수업을 통해 범준이가 부디 책 읽기를 좋아하게 되기를 엄마는 간절히 바라고 있습니다.

 아이들의 마음은 알다가도 모르겠지요. 별로 중요해 보이지 않는 것에 아주 치열하게 경쟁하기도 하고 정작 꼭 했으면 하는 중요한 일에는 시큰둥하며 관심을 보이지 않기도 합니다. 어떤 때는 엄마가 예상하는 방향으로 쉽게 마음을 움직이기도 하지만 어떤 때는 어떻게 해도 마음을 움직이지 않고 닫아 버리기도 하고 말이지요. 엄마가 생각하는 대로, 엄마가 안내하는 대로 아이가 따라올 때는 언제일까요? 그것은 엄마가 아이의 생각과 마음을 잘 알고 있어서 아이 마음을 움직일 수 있었거나 엄마가 원하는 것을 아이도 똑같이 원했을 경우일 것입니다. 혹은 엄마가 하자는 대로 하지 않으면 혼나게 될까 두려워서 하기 싫어도 억지로 했을 수도 있지요. 후자의 경우에는 당연히 아이의 마음속에 싫은 감정이 쌓이고 쌓여 하는 일을 안정적으로 하기 어렵습니다.

'동기'란 무슨 일이든 하기 전에 '하고 싶다'라는 마음이 드는 것이지요. 동기가 있어야 어떤 일이든 시도하려 하고 잘하지 못해도 끝까지 하려고 노력하게 됩니다. '배우고 싶다' '해 보고 싶다'라는 아이들의 동기가 없는 상태에서 부모들이 자녀에게 필요한 수업을 알아보거나 찾아다니고 있는데 자칫하면 이런 일들이 '헛수고'가 될 수 있습니다. 부모가 시키고자 하는 일에 대한 아이의 동기가 어느 정도인지를 파악하는 것이 가장 우선시되어야 합니다. 그리고 어떤 일이든 자녀의 동기가 있는 상태에서 시작할 수 있게 해 주어야 합니다. 그렇다고 해서 동기가 없으면 그 일을 시키지 말아야 한다는 뜻은 아닙니다. 동기는 없지만 그 일이 꼭 필요한 것이고 중요한 것이라면 아이의 동기를 유발시키고 높일 수 있게 도와주고 그런 상태에서 일을 시작하도록 지도해야 한다는 것입니다.

아이의 동기를 유발시키려면

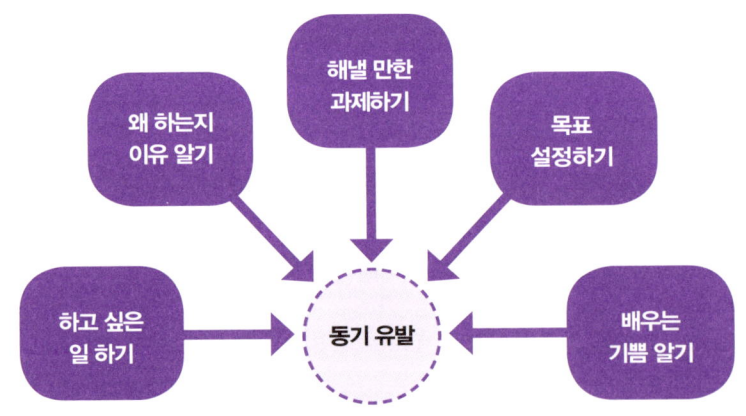

아이가 하고 싶어 하는 일을 하나라도 하게 해 주기

아이가 해야 하는 일이 다섯 가지라면 그중 하나는 아이가 원하는 것을 할 수 있도록 해 주는 것이 좋습니다. 아이는 자신이 원하는 것을 하면서 만족감을 느끼게 되고 하고 싶은 것을 할 수 있는 욕구가 충족이 되면 다른 것도 해 볼 수 있는 마음의 여유가 생길 것입니다.

어떤 일을 하도록 할 때 그것이 왜 필요한지 알려 주기

공부는 왜 해야 하는지, 글쓰기는 왜 해야 하는지, 운동은 왜 해야 하는지 등 그 이유를 함께 생각해 보고 아이와 이야기를 나누어 보도록 합시다. 여러 가지 이유들 중에서 특히 '나를 위한 이유'를 꼭 찾아보게 하는 것이 좋습니다. 자신에게 어떤 의미가 있는 것인지 알아야 아이도 해 볼 마음이 생기지요.

아이가 해낼 수 있는 수준부터 차근차근 시작하기

내가 시도해 볼 만하다고 느껴야 그것을 할 용기가 나고 해 볼 마음도 듭니다. 운동에 소질이 없고 활동하는 것을 좋아하지 않는 아이를 꼭 태권도장에 매일 보내야 할까요? 아이가 매일 운동하러 가기를 힘들어한다면 아이에게 적절하게 횟수를 조절해야 합니다. 자전거를 처음 배우는 아이에게 다리가 닿지 않는 자전거를 주고 타 보라고 하면 아이는 자전거 배우기를 포기하지 않을까요?

적절한 목표를 정하고 시작하기

이제 막 자전거를 배우는 아이가 자전거를 타고 공원 한 바퀴를 도는 것은 엄청나게 어려운 일입니다. 공원 한 바퀴 돌기를 목표로 작은 목표들을 세우고 그 목표들을 차근차근 달성하도록 해야 하지요. 이번 주에는 아빠 도움 없이 혼자서 50m를 열 번 왔다 갔다 하기, 다음 주에는 100m 타기, 그다음 주에는 자전거로 공원 한 바퀴 돌기와 같이 작고 세분화된 목표를 만들어 주고 하나씩 성취해 가는 즐거움을 통해 다음 목표에 도전해 볼 마음이 생기게 됩니다. 처음부터 무리한 목표를 세우면 어떤 일이든지 아이의 동기가 금세 꺾이고 말 것이니 주의해야겠습니다.

결과에 연연하기보다는 배우는 기쁨을 알도록 지도하기

결과에만 지나치게 신경 쓰다 보면 배우는 과정에서의 기쁨을 느끼지 못합니다. 실패할 것이 두려워 선뜻 시도하지 못하겠지요. 결과가 좋지 않더라도 아이가 배워 가는 과정에 있다는 것을 잊지 말고 조금씩 발전해 나가는 것을 칭찬해 주고 배워 가는 과정 자체를 중요하게 느낄 수 있도록 지도합시다.

Chapter 3

읽기가 너무 빨라도 문제가 된다

고학년 때는 1분당 250~350글자 정도를 읽으면 무리가 없습니다. 일단 아이들은 읽기 속도가 400 글자를 넘어서게 되면 대충대충 읽는 경우가 많으니 자녀의 읽기 속도를 면밀하게 파악해 보는 것이 필요합니다. 너무 빨리 읽는 아이들은 오히려 읽기 속도를 늦추는 연습을 해야 합니다. 우리 아이의 읽기 속도에 신경을 씁니다.

4학년 영수는 그날그날 할 공부를 후딱 해치웁니다. 공부를 빨리 끝내면 그만큼 노는 시간이 생기는 터라 영수는 늘 마음이 급합니다. 책 읽기도, 문제 풀기도, 학교 숙제도 영수는 항상 빨리 끝내려 애쓰고 있지요. 그런데 엄마가 가만히 지켜보니 할 공부를 다 하기는 하는데 영수가 공부한 것을 살펴보면 틀린 문제가 많고 글씨를 알아보기 힘들 때가 많습니다. 엄마가 조금 천천히 공부하라고 해도 영수의 공부 방식은 달라지지 않습니다. 문제집을 다시 풀어 보라고 하면 틀렸던 문제를 맞히는 경우가 많아서 엄마는 너무 속상하지요.

 우리 아이들 중에는 무엇이 그리도 급한지 공부할 때 너무 빨리하려고 해서 실수하는 경우가 많습니다. 부모가 차근차근 천천히 하라고 아무리 이야기해도 여간해서는 속도를 늦추기 쉽지 않지요. 그런데 공부를 빨리빨리 하는 아이들을 가만히 살펴보면 공통점이 있습니다. 바로 '읽기가 빠르다'라는 것이지요. 공부를 빨리 끝내야 놀 시간이 더 생긴다고 생각하는 우리 아이들이 꼼꼼하게 공부하기보다는 서둘러서 공부를 끝내려 하다 보니 '빨리빨리 읽기'가 습관이 되어 버린 것입니다.

1~3학년 때까지는 빨리 읽으려 해도 아직 읽기가 서툴다 보니 잘되지 않기 때문에 '대충 읽기'를 하는 경우가 많았지요. 그러다 어느 정도 읽기가 익숙해지고 빠르게 읽기가 되는 시점부터는 '대충대충 빠르게 읽기'가 됩니다. 자녀의 공부 문제와 관련해서 '실수를 많이 한다'라는 호소가 많은데 이때 아이들의 읽기 속도 1분당 정확하게 읽는 글자 수를 재 보면 읽는 속도가 너무 빨라서 독해에 방해가 되고

있는 아이들을 흔히 볼 수 있습니다.

학교에 들어갈 무렵에는 1분당 정확하게 읽는 글자 수가 100글자 내외, 1학년이 끝날 무렵에는 150글자 내외, 2학년이 끝날 무렵에는 200글자 내외, 3학년이 끝날 무렵에는 250글자 내외 정도가 되면 읽는 데에 무리가 없습니다. 그런데 4~6학년이 되어서 읽기 속도를 재 보았을 때 400글자가 훌쩍 넘어가게 되면 너무 빠르게 읽는 것입니다. 거의 쉬지 않고 대충 읽는 것이나 다름없습니다. 그러다 보니 꼼꼼하게 정보 처리가 되지 않아서 독해에 방해가 되지요.

4~6학년 때는 1분당 250~350글자 정도를 읽는 것이 적당합니다. 일단 아이들의 읽기 속도가 400글자를 넘어서게 되면 대충 읽는 경우가 많으니 자녀의 읽기 속도를 면밀하게 파악해 보는 것이 필요합니다. 너무 빨리 읽는 아이들은 오히려 읽기 속도를 늦추는 연습을 해야 합니다. 부모들은 흔히 아이가 얼마나 정확하게 문제를 푸느냐에 관심을 두지 우리 아이의 읽기 속도가 어느 정도인가를 잘 알고 있는 경우는 드물지요. 읽기 속도만 적절하게 되어도 아이들이 발휘하는 독해 능력은 크게 달라집니다.

읽기 속도 적절하게 하기

1~3학년 때까지는 읽기 자체에 신경을 쓰다가 4~6학년이 되면 읽기에 문제가 없다고 생각하고 읽기 자체에 신경 쓰는 것을 소홀히 하게 됩니다. 4~6학년 자녀를 둔 부모들도 한 번씩은 우리 아이의 읽기 속도가 적절한지 체크해 볼 필요가 있습니다. 적절한 읽기 속도는 우리 아이가 스스로 공부해 나가는 데에 필수적인 요

소입니다. 다음 순서대로 자녀의 읽기 속도를 점검해 봅시다.

부모 수업 • 02 | 읽기 속도 점검하기

1. 읽기 교과서와 같은 텍스트가 많은 책, 초시계, 연필을 준비합니다.

2. 정확하고 빠르게 읽을 것을 알려 주고 소리 내서 읽도록 합니다.

3. 자녀가 읽는 것을 지켜보면서 틀리게 읽는 부분에 살짝 표시합니다 (부모는 복사본을 준비

    해서 복사본을 보며 틀리게 읽는 부분에 표시하면 더 좋습니다).

4. 1분이 되면 '그만' 읽을 것을 알려 줍니다.

5. 1분 동안 정확하게 읽은 글자 수를 셉니다.

위와 같은 방법으로 1분당 정확하게 읽은 글자 수를 재서 너무 빨리 읽는다면
250~350글자 정도가 되도록 연습하는 것이 필요합니다. 초시계로 시간을 재면서
자신이 어느 정도 읽는지 체크할 수 있도록 하면 자녀가 혼자서도 연습할 수 있으
니 방법을 알려 주고 꾸준히 연습하도록 지도합시다.

Chapter 4

시험공부, 모르는 것을 없앤다

교과서에 나오는 내용 중에 모르는 것을 완전히 없애면 아이들이 시험에서 낭패를 보는 일은 없을 것입니다. 복습의 효과는 같은 것을 반복적으로 볼 때 극대화됩니다. 여러 권의 교재를 이것저것 공부하면서 복습의 효과를 떨어뜨리지 말고 한 권의 교재를 완전히 마스터한다는 것을 목표로 공부합시다.

6학년 상진이는 지금까지 공부를 다소 소홀히 하였습니다. 이제 내년이 되면 예비 중학생이 된다는 생각에 상진이 마음에 부담감 같은 것이 생겨 왠지 불편하지요. 이제부터는 공부를 열심히 해야겠다고 마음먹은 상진이는 이번 중간고사를 대비해서 열심히 공부했습니다. 공부를 소홀히 하다가 열심히 하려고 하니 뜻대로 잘되지는 않았지만 우여곡절 끝에 시험 준비를 마치고 중간고사를 치렀지요. '전보다 열심히 했으니 성적이 많이 오르겠지!' 하고 내심 기대했던 상진이는 시험이 끝나고 크게 실망했습니다. 생각보다 성적이 별로 오르지 않았던 것이지요. 상진이는 상진이대로 실망하고 부모님은 상진이가 말로만 열심히 한다고 한 거 아니냐며 상진이를 나무랍니다.

 공부를 소홀히 했던 우리 아이들이 공부를 열심히 하기로 마음먹고 나름대로 열심히 공부한다고 했는데 기대한 만큼 성적이 나오지 않아서 실망하는 경우가 많습니다. 이때 아이는 아이대로 '공부를 열심히 했는데도 소용이 없네' 하고 동기가 꺾이기도 하고 부모는 부모대로 자녀를 다그치곤 합니다. '네가 정말 열심히 공부했으면 왜 성적이 오르지 않는 거니? 도대체 공부를 어떻게 했길래……' 하면서 나무라는 것이지요.

공부하는 대로 바로바로 성적이 오르면 얼마나 좋을까요? 흔히들 성적은 계단식으로 오른다고 합니다. 알긴 아는데 그저 막연하게만 생각하니까 실제로는 공부하는 대로 성적이 오를 것으로 기대하게 되지요. 그런데 시험공부를 한다는 것은 시험 범위 내에 있는 내용에서 모르는 것을 완전히 없애는 것입니다. 우리 아이들이 공부를 열심히 하긴 하는데 '모르는 것을 완전히 없애는' 공부를 하는 것이 아니라 '아는 것을 늘려 가는' 공부를 하기 때문에 성적이 잘 오르지 않는 것이지요. 얼핏 들으면 열심히 공부해서 아는 것을 늘려 간다는 것과 모르는 것을 없앤다는 것이 같은 말처럼 들리지만 곰곰이 들여다보면 이 두 말은 완전히 다른 말이라는 것을 알 수 있습니다. 우리 아이들이 시험공부를 할 때는 아는 것을 늘려 가는 공부를 한다는 생각으로 하기보다는 모르는 것을 완전히 없앤다는 것을 목표로 공부를 해야 합니다.

초등학교 1~3학년 때까지는 교과 내용의 난이도가 그리 높지 않기 때문에 웬만큼 공부하면 이해가 잘되지 않거나 모르는 것을 어렵지 않게 해결할 수 있었지요. 그런데 4학년 이후의 공부는 이야기가 달라집니다. 난이도가 많이 높아지기 때문에 1~3학년 때처럼 공부하면 시험 때 낭패를 보기 일쑤지요. 어떤 내용은 한두 번만 봐도 완전 학습이 되는가 하면 어떤 것은 서너 번, 또 어떤 것은 대여섯 번을 봐도 완전 학습이 안되는 내용들이 있습니다. 학년이 올라갈수록 복습을 해야 하는 횟수가 늘어나지요. 중·고등학생이 되면 교과 내용이 급격히 어려워져서 샅샅이 공부하지 않으면 시험에서 좋은 결과를 얻을 수 없습니다. 초등 공부의 함정이 여기에 있다고 할 수 있지요. 웬만큼 공부하면 성적이 어느 정도 나오니까 시험공부 전략을 잘못 짜게 되는 것입니다. 수많은 아이들이 초등학생 때는 양호한 성적을 받다가 중학교 입학 후 성적이 급격히 떨어지는 이유이기도 합니다.

여러 권의 교재보다는 한 권의 교재를 확실하게 공부하기

공부의 달인들은 여러 권의 교재로 잡다하게 공부하지 않습니다. 물론 처음에 내용을 이해하기 위해 공부할 때는 여러 권의 교재를 놓고 공부하기도 하지만 머릿속에 공부한 내용을 집중적으로 입력시킬 때는 정리가 가장 잘되어 있는 교재나 여러 권의 교재를 자신만의 노트에 정리한 것을 붙들고 완전 학습을 위해 노력하지요.

대학 입시에서 수석을 차지할 정도로 공부를 잘하는 학생들을 인터뷰하면 뭔가 거창한 말이 나올 걸 기대하지만 '교과서를 충실히 공부했어요'라고 이야기하는 것을 보고는 '에이…… 설마' 하고 실망했던 경험이 있을 것입니다. 그러나 이는 공부의 원리에서 보았을 때 맞는 말입니다. 교과서에 나오는 내용 중에 모르는 것을 완전히 없애기만 해도 우리 아이들이 시험에서 낭패를 보는 일은 없을 것입니다. 복습의 효과는 같은 것을 반복적으로 볼 때 극대화됩니다. 여러 권의 교재를 이것저것 공부하면서 복습의 효과를 떨어뜨리지 말고 한 권의 교재를 완전히 마스터한다는 것을 목표로 공부하도록 지도합시다.

Chapter 5

4학년 이후의 공부는 어휘력이 중요하다

초등생용 사전은 학교 들어가기 전에 사용하고 초등학교에 입학해서부터는 중·고등학생 이상이 보는 국어사전을 사용할 것을 권합니다. 사전을 열심히 사용하다 보면 시각적 주의력이 길러지고 어휘력을 키울 수 있으니 일석이조의 효과가 있습니다. 아이가 공부할 때 모르는 말을 지나치지 않고 국어사전을 사랑하도록 지도합시다.

4학년 성진이는 작년까지 학교 공부에 그다지 신경을 쓰지 않고 마음껏 놀았습니다. 어릴 때는 실컷 놀아야 하고 공부는 언제든지 마음만 먹으면 할 수 있다는 부모님의 생각이 영향을 많이 주었지요. 공부는 본인이 하고 싶을 때 하면 된다고 생각한 성진이 부모님은 성진이가 학교 공부를 규칙적으로 하도록 지도하지 않은 것입니다. 그런데 어찌된 일인지 이제 4학년이 된 성진이는 공부를 열심히 하려고 마음을 먹었건만 공부하는 데 시간이 너무 많이 걸려서 자꾸만 공부가 싫어집니다.

아는 것이 많아야 공부가 즐겁습니다. 우리 아이들이 공부를 할 때 모르는 말이 수두룩하게 있으면 공부가 지겹고 힘들지요. 공부를 소홀히 했던 아이들이 중·고등학생이 되어서 마음먹고 공부를 열심히 하려고 시도하다가도 자꾸만 벽에 부딪혀서 학습 동기가 꺾이는 이유 중에 하나가 바로 '어휘력의 부족'입니다. 공부는 마음만 먹는다고 어느 날 갑자기 잘할 수 있는 것이 아닙니다. 공부는 마음먹기에 달려 있다고 생각하는 부모들이 많기 때문에 자녀가 효율적으로 공부를 못하면 '태도가 틀렸다'라고 생각하고 야단을 치는 일이 빈번하지요.

물론 공부를 하는 데는 자녀의 의지가 가장 큰 영향을 미치지만 아무리 의지가 강하더라도 교재 한 페이지에서 모르는 말이 쏟아져 나오면 시간이 너무 많이 걸리고 힘들어서 의지가 자꾸 꺾이게 됩니다. 이런 상황을 스스로 극복해 나간다는 것은 참으로 쉽지 않은 일이고 어찌 보면 너무나 가혹한 일입니다. 교과 공부에 많은 시간을 들여 공부하지 않는다고 하더라도 꼭 신경을 써야 하는 것이 바로 어휘력입니다. 어휘력을 잘 갖추어 놓아야 아이가 공부를 열심히 하려는 동기가 강하게 생겼을 때 그 동기를 유지하면서 공부에 매진할 수 있는 것이지요. 어휘력은 장기적인 시간에 걸쳐 향상되는 것이기 때문에 초등학생 때부터 차근차근 쌓아가는 것이 중요합니다.

우리 아이들은 공부한다는 것을 문제 푼다는 것으로 잘못 생각하기도 하므로 '공부할 내용'을 꼼꼼히 보지 않는 경우가 많습니다. 아이들이 공부하는 모습을 잘 관찰해 보면 교재에서 내용이 나오는 부분은 마치 동화책 읽듯이 빠르게 대충 읽어 보고 문제를 풀곤 하지요. 모르는 말이 나올 때 표시를 해 두거나 사전을 찾아보는 것을 지속적으로 하는 아이들은 참으로 드뭅니다. 그러다 보니 학년이 올라가면서 더욱 더 어려워지는 어휘들을 소화하기 힘들고 효율적으로 공부하는 데 곤란을 겪는 것이지요. 단적인 예로 우리나라 사람이 영어 책 한 페이지를 해석하는 데 하루 종일 걸릴 수도 있는 광경을 떠올려 보면 우리 아이들에게 어휘력이 얼마나 중요한지 이해가 됩니다.

공부할 때는 국어사전과 함께하기

요즘 초등학생들이 공부하는 교과 내용을 보면 이미 어휘가 상당히 확장되어 있습니다. 어른들도 모르는 말이 많이 나올 정도니까요. 모르는 말은 국어사전을 찾아본다고 해서 머릿속에 들어오는 것이 아니기 때문에 모르는 말이 자연스럽게 머릿속에 남을 때까지 반복적으로 뜻을 찾아봐야 합니다. '그 많은 말을 언제 국어사전 찾으면서 공부하나……' 하고 생각하겠지만 어휘력을 쌓는 것은 장기 레이

스입니다. 공부할 때 국어사전을 끼고 모르는 말이 나올 때마다 반복적으로 사전을 찾다 보면 그런 과정이 쌓이고 쌓여 어휘력을 잘 길러 갈 수 있지요.

초등학생용 국어사전은 피하기

초등학생 자녀를 둔 부모들은 서점에 가서 국어사전을 고를 때 대부분 초등학생용 국어사전을 고릅니다. 그런데 초등학생용 국어사전은 어휘가 풍부하지 않아서 안 나오는 말이 많기 때문에 아이들이 모르는 말이 나올 때 '국어사전을 찾아도 소용없다'라는 생각이 들지요. 초등학생용 사전은 학교 들어가기 전에 사용하고 초등학교에 입학해서부터는 중·고등학생 이상이 보는 국어사전을 사용할 것을 권합니다. 사전을 열심히 사용하다 보면 시각적 주의력이 길러지고 어휘력을 키울 수 있으니 일석이조의 효과가 있습니다.

공부를 잘하는 아이들은 모르는 말이 나올 때 그냥 지나치지 않고 무슨 뜻인지를 알려 합니다. 자녀가 공부를 할 때 모르는 말이 분명히 있을 것임에도 불구하고 습관적으로 지나치고 있지는 않은지 살펴보고 국어사전을 '사랑'하도록 지도합시다.

국어사전을 찾아서 하나의 낱말 뜻을 머릿속에 자연스럽게 남기려면 통계적으로 다섯 번 정도를 찾아야 합니다. 열심히 국어사전을 찾아서 뜻을 적어 보고 짧은 글짓기도 해 보면서 낱말 공부를 했는데도 다음번에 그 낱말을 보면 뜻이 기억나지 않는 경우가 많지요. 그래서 아이들이 국어사전을 열심히 찾아도 소용없다는 생각을 하게 됩니다.

국어사전을 활용해서 공부를 할 때는 이런 점을 자녀에게 먼저 차근차근 설명하고 국어사전을 활용해서 공부하는 것을 포기하지 않도록 지도하는 것이 필요합니다.

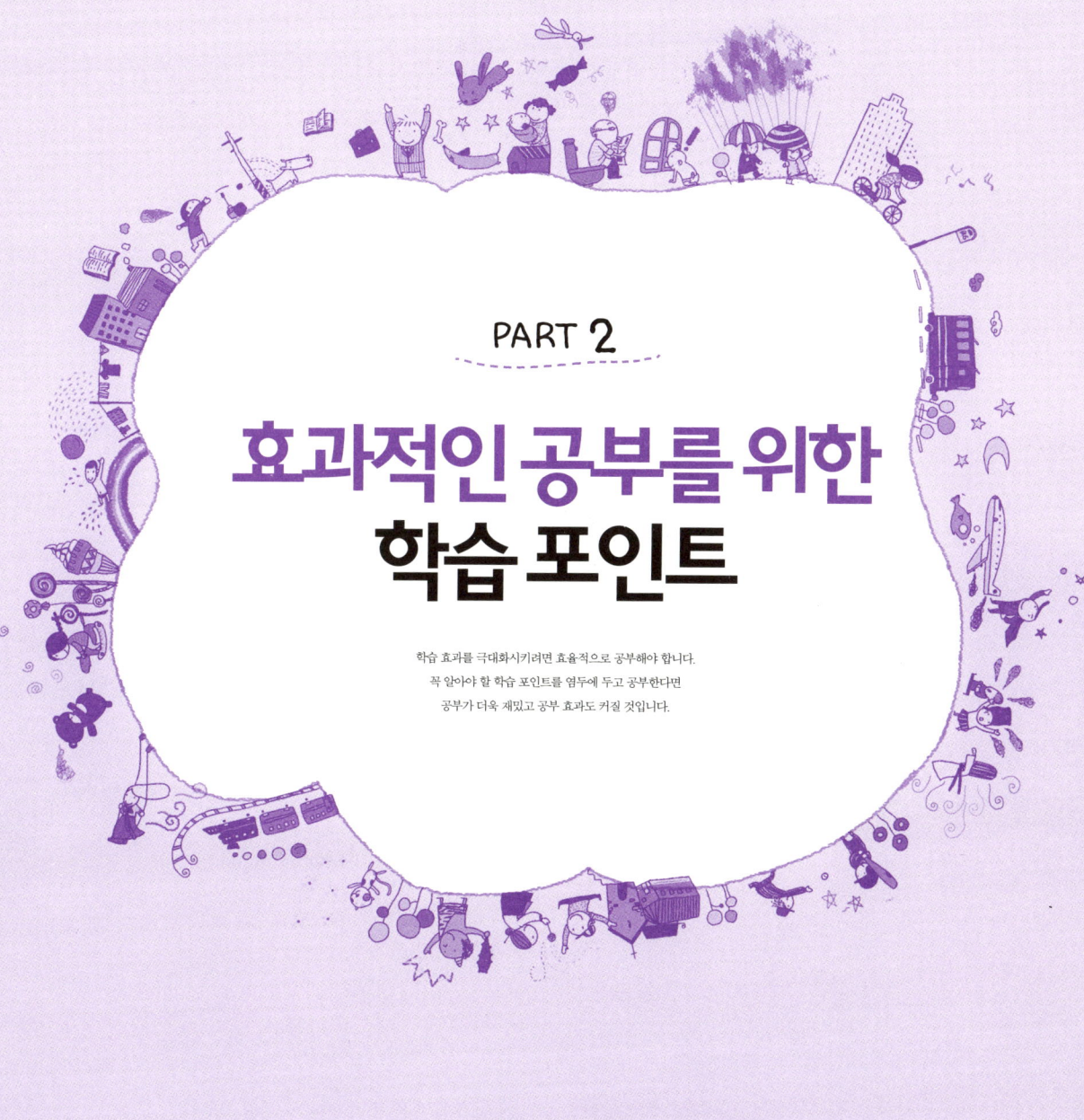

PART 2

효과적인 공부를 위한
학습 포인트

학습 효과를 극대화시키려면 효율적으로 공부해야 합니다.
꼭 알아야 할 학습 포인트를 염두에 두고 공부한다면
공부가 더욱 재밌고 공부 효과도 커질 것입니다.

Chapter 1

수학, 계산 노트를 작성한다

오답 노트라고 하면 우리 아이들은 틀린 문제를 다시 '풀어' 보는 것으로 생각하는데 이런 생각과 구분하기 위해서 '계산 노트'라는 용어를 쓰도록 합니다. '계산 노트'는 '계산 일기'와 유사한 것인데 간단히 소개하면 '틀린 문제들을 말로 가르치듯이 설명하는 것을 글로 쓰게 하는 것'입니다. 반복적으로 틀리는 문제들은 '계산 노트'로 익숙해지도록 합니다.

희원이는 작년까지만 해도 좋아하는 교과와 싫어하는 교과가 특별히 없었습니다. 그런데 4학년이 되면서부터 수학을 부쩍 어려워하더니 단원 평가를 볼 때마다 점수가 떨어지고 이젠 수학이 싫다고까지 합니다. 희원이 엄마는 어떻게든 희원이가 수학에 자신감을 잃지 않도록 도와주고 싶어 어려워하는 부분을 설명해 주려 했지만 희원이가 이해할 수 있도록 설명하는 일이 쉽지 않지요. 특히 서술형 문제의 경우에 식을 어떻게 세워야 할지 감을 잡기 힘든 문제들이 있어서 이제는 수학 학원에 보낼 때가 아닌가 하는 고민을 하고 있습니다.

4학년이 되면 교과 과정이 갑자기 어려워지기 때문에 부모와 아이 모두 긴장하게 됩니다. 3학년 때까지 공부를 곧잘 하던 아이들도 어려워진 공부에 흥미와 자신감을 잃게 되는 경우가 흔히 일어나지요. 특히 수학 교과가 어려워지면서 수학을 싫어하거나 아예 포기하는 아이들이 늘어나게 됩니다. 수학 공부에 자신감을 잃게 되면 다시 수학을 좋아하게 되고 잘하게 되기가 쉽지 않습니다. 게다가 수학 교과에 대한 자신감이 없어지게 되면 학습 전반에 걸쳐 자신감이 떨어지게 되므로 보다 세심하게 관심을 기울이고 지도해야 합니다.

수학 교과의 경우에는 이전 학습에서 결손이 생기게 되면 현재 학습이 원활하게 이루어질 수가 없고 그냥 내버려 두면 결손이 더욱 커져 아예 수학을 포기하는 일이 발생하지요. 따라서 현재의 학습을 잘 이해하지 못하고 어려워한다면 이전 학년의 같은 영역의 내용을 잘 이해하고 있는지를 검토해서 보완할 수 있도록 해야 합니다. 세 자릿수와 두 자릿수 곱셈을 어려워하면 세 자릿수와 한 자릿수 곱셈 연습을 충분히 다시 하도록 하는 식으로 말이지요. 또 좀 더 잘하는 영역과 어려워하는 영역이 있으므로 아이가 힘들어하는 영역이 어떤 부분인지를 파악하여 그 부분을 보다 중점적으로 보충할 수 있도록 해야 합니다.

선행 학습은 방학 때 한 학기 정도만 앞서서 개념 위주로 하기

현재 배우고 있는 과정을 충분히 복습하여 익히는 것도 중요하지만 수학 교과의 경우에는 한 학기 정도의 선행 학습이 많은 도움이 됩니다. 보통 2학기의 내용이 1학기의 내용과 연계되어 보다 심화되는 경우가 많고 좀 더 어려운 원리나 공식을 배우고 나면 그보다 쉬운 문제는 쉽게 해결되는 경우가 있기 때문이지요. 아이가 한 학기 정도의 선행 학습을 잘 따라가기만 한다면 수학에 대한 자신감을 심어 줄 수 있어서 과도하지 않은 선행 학습은 수학 교과 공부에 긍정적인 영향을 미칩니다. 이때 선행 학습은 개념 위주로 기본 문제를 풀어 보는 정도가 적당합니다. 그리고 나서 학기 중에는 심화와 응용 문제집으로 반복하여 풀면 복습의 효과가 있어 효과적이지요. 지나친 선행 학습은 오히려 학습에 흥미를 잃게 하거나 자신감을 떨어뜨릴 수 있으므로 자녀의 수준이나 학습 상태를 면밀히 살피면서 조절하는 것이 좋겠습니다.

오답 노트에서 한 걸음 더 나아가 계산 노트 만들기

수학이 어렵다는 생각이 들면서부터 아이들은 수학 공부에 흥미를 잃고 수학 공부 자체를 회피하고 싶어 합니다. 그러나 자녀가 특히 힘들어하는 부분이 어떤 것인지 정확하게 파악하고 반복된 연습과 노력을 통해 그 부분을 다시 보충할 수 있도록 한다면 수학 공부를 충분히 잘 따라갈 수 있습니다. 4학년 때는 사칙 연산이 유창해져야 하지요. 아직 정확한 연산이 되지 않는다면 많은 양의 문제를 풀게 하기보다는 하루에 열 문제 정도라도 틀리지 않고 정확하게 푸는 연습을 하도록 지도합시다. 그리고 반복적으로 틀리는 문제들은 오답 노트를 활용하여 그 유형에 완전히 익숙해지도록 하고 오답 노트에서 한 걸음 더 나아가 '계산 노트'를 작성하게 합시다. 오답 노트라고 하면 우리 아이들은 틀린 문제를 다시 '풀어' 보는 것으로 생각하는데 이런 생각과 구분하기 위해서 '계산 노트'라는 용어를 쓰도록 하겠습니다. '계산 노트'는 '계산 일기'와 유사한 것인데 간단히 소개하면 '틀린 문제들을 말로 가르치듯이 설명하는 것을 글로 쓰게 하는 것'입니다.

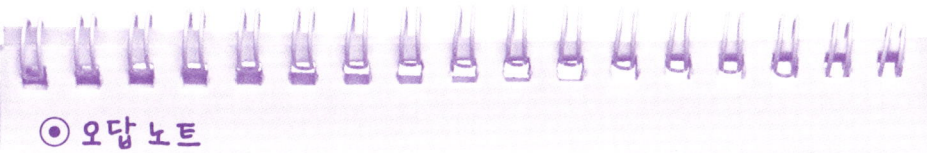

◉ 오답 노트

둘레의 길이가 24cm인 직사각형이 있다. 이 직사각형의 가로의 길이가 세로의 길이의 2배라고 하면 각각의 길이는 얼마인가?

(식) 가로＋세로 길이 : 240 ÷ 2 = 12cm
세로 길이 : 120 ÷ 3 = 4cm
가로 길이 40 × 20 = 8cm

(답) 세로 길이 : 4cm, 가로 길이 : 8cm

●계산 노트

먼저 직사각형은 네 각의 크기가 90°인 평행사변형이므로 마주 보는 두 변의 길이가 같습니다.

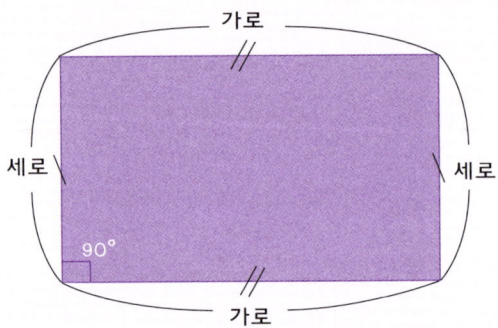

1. 그러므로 가로＋세로 길이는 240 ÷ 2 ＝ 12cm 가 됩니다.

2. 또한, 가로는 세로의 두 배라고 했으니 세로 길이를 두 번 더한 길이는 가로 길이가 되고
   가로＋세로 길이를 똑같이 세 개로 나누면 세로 길이가 나오게 됩니다.

세로 길이 : 120 ÷ 3 ＝ 4cm

가로 길이 : 40 × 20 ＝ 8cm

Chapter 2

국어, 수학은 방학 중 복습이 꼭 필요하다

부족한 공부를 보완하는 경우에는 아이 수준에 맞추어 기초부터 자세하게 차근차근 가르쳐 줄 수 있는 과외 선생님이나 공부방 선생님이 도움이 됩니다. 아이의 부족한 부분을 보완할 때는 '유명한 선생님'보다 '아이 수준에 적절하게 차근차근 가르쳐 주는 선생님'이 필요하다는 점을 잊지 맙시다. 학원을 보내려면 시스템을 꼭 체크해야 합니다.

준수 엄마는 준수에게 지난 학기에 부족했던 부분을 복습해 보자고 말합니다. 준수는 이미 시험도 다 본 걸 왜 복습해야 하는지 이해가 잘되지 않지요. 지난 학기 때 내용이 어려워서 문제를 풀면 많이 틀리기도 하고 그래서 공부하기 싫었던 기억이 떠오르면서 복습하기 싫다는 생각이 더 커집니다.

'방학 중에는 실컷 놀고 만화책도 읽고 취미 생활도 하려고 했는데……'

불만이 많은 준수는 그래도 복습을 해 보기로 마음먹습니다. 그런데 막상 복습을 하려고 보니 어디서부터 어떻게 시작해야 할지 막막하기만 하지요.

방학은 부족한 공부를 보완하고 다음 학기 교과 공부를 대비하는 데 매우 중요한 시기입니다. 많은 부모들은 다음 학기 또는 그다음 학기에 배울 부분을 '예습'하는 것에 큰 비중을 두고 있지요. 하지만 부족한 공부를 보완하지 않고 선행 학습만을 하게 되면 이전 학습에서 결여된 부분의 구멍이 점점 커져서 다음 학습에 결정적으로 방해가 되기도 합니다. 특히 수학 교과의 경우는 반드시 선수 학습이 잘되어 있어야 하지요. 수학은 기초가 탄탄하지 않으면 쉽게 포기하게 되는 대표적인 교과입니다. 많은 아이들이 중학교에 올라가면서 자포자기하는 심정으로 수학을 포기해 버립니다.

국어 교과의 경우에도 해당 학년에서 꼭 습득해야 하는 어휘들이 교과서에 나오기 때문에 별도의 사교육을 통해 어휘 학습을 하도록 하기보다는 국어 교과를 꼼꼼하게 공부할 수 있도록 하는 것이 좋습니다. 모르는 말이 나올 때 아이들이 그

낭 막연하게 생각하면서 지나치곤 해서 결국 어휘력에 문제가 생기는 경우가 많지요. 수학 교과는 방학 때마다 복습이다, 선행 학습이다 해서 특별히 신경을 쓰면서도 국어 교과의 경우에는 복습을 소홀히 생각하는데 방학 중에는 국어 교과의 복습도 찬찬히 할 수 있도록 해야 합니다.

수학 익힘책 활용해서 복습하기

수학 복습을 할 때는 수학 익힘책을 활용하는 것이 좋습니다. 익힘책은 문제가 많지 않고 짧은 시간 안에 풀 수 있기 때문에 이전 학기 수학 익힘책을 전체적으로 한 번 풀어 보는 것이 복습을 효율적으로 하는 것에 도움이 됩니다. 자녀의 학습 속도가 느리다면 가장 부족한 부분에 우선순위를 두고 그 순서대로 먼저 복습을 하도록 하는 것이 좋습니다. 자녀가 푼 부분 중에서 특히 많이 틀리는 부분이 있다면 그 단원은 따로 뽑아서 집중적으로 다시 복습할 수 있도록 합시다.

복습을 철저하게 하겠다고 두꺼운 문제집을 사서 전체적으로 다시 풀려고 하다가 시간에 쫓겨 제대로 복습을 못하게 되는 경우가 많으니 주의해야겠습니다. 물론 자녀가 이전 학기에 배운 내용을 잘 소화했다면 난이도 있는 문제를 활용해서 심도 있게 복습을 하도록 지도해야겠지요.

국어 복습, 어휘력 다지기

어휘력은 모든 교과 공부에 기초가 되는 필수적인 요소이지요. 아이들은 문맥상의 어휘는 파악하고 있으나 어휘의 정확한 뜻과 쓰임에 대해서는 잘 모른 채로 지나가는 경우가 많습니다. 지난 학기 국어 교과서를 다시 꼼꼼히 읽어 보면서 모르는 어휘에 표시하고 사전을 찾아 뜻을 정리하고 그 어휘를 활용한 짧은 글짓기를 하는 활동 등으로 배운 어휘를 활용해 보는 것은 어휘력 향상에 매우 효과적이지요. 물론 중요한 어휘들은 한 번 나오고 마는 것이 아니기 때문에 모르는 어휘들을 반드시 그 자리에서 다 소화해야 하는 것은 아닙니다. 모르는 어휘들에 표시를 잘 해 두고 뜻을 찾아보고 문장을 만들어 보는 활동을 한 후에 표시해 둔 어휘들을 한 번씩 지속적으로 훑어보는 것이 좋겠습니다.

또한 우리나라 어휘의 대부분은 한자어로 이루어져 있습니다. 한자를 잘 알면 어휘력을 기르는 데 큰 도움이 됩니다. 그러므로 아이의 수준에 적절하게 한자 공부를 조금씩 꾸준히 하도록 지도하는 것도 필요하겠습니다.

사교육을 통한 복습 시 주의 사항

지난 학기 과목을 복습할 때 아이가 혼자서 공부하기 힘든 경우가 많이 있습니다. 그렇다면 아이에게 적절한 도움을 주어야 하겠지요. EBS 등 인터넷 강의를 듣거나, 과외 수업을 받거나, 학원을 선택할 수 있습니다. 학원은 일반적으로 선행학습 위주로 진행하고 정해진 커리큘럼대로 움직이기 때문에 부족한 부분을 보완하는 데 큰 도움이 되지 않을 수도 있습니다. 부족한 공부를 보충하기 위해 학원을 선택하려 할 때는 부족한 공부를 보완해 주는 시스템이 어떻게 갖추어져 있는지 꼭 체크해야 합니다.

부족한 공부를 보완하는 경우에는 아이 수준에 맞추어 기초부터 자세하게 차근

차근 가르쳐 줄 수 있는 과외 선생님이나 공부방 선생님이 도움이 됩니다. 아이의 부족한 부분을 보완할 때는 '유명한 선생님'보다 '아이 수준에 적절하게 차근차근 가르쳐 주는 선생님'이 필요하다는 점을 잊지 맙시다.

방학 중 공부 보완하기 프로젝트 : 5학년 준수 예

국어	• 한자 성어 매일 한 개씩 외우기
	• 6급 한자 매일 열 개씩 외우기
	• 5학년 1학기 교과서 모르는 어휘 매일 열 개씩 국어사전 찾아 뜻 쓰고 짧은 글짓기
수학	• 5학년 1학기 수학 익힘책 매일 세 장씩 풀고 채점하기 – 틀린 문제 '계산 노트' 작성하기
	• EBS 수학 강의 듣고 EBS 강의 교재 복습하기 – 모르는 내용은 언니에게 물어보기

Chapter 3

학습 피라미드의
공부 원리를 이해한다

아이들의 학습 효과를 극대화하기 위해서는 혼자 공부할 때 가르치지 않고도 가르치는 것과 같은
효과가 나는 방법으로 공부해야 합니다. 스스로 공부한 내용을 적극적으로 떠올리며 중얼중얼 되
뇌거나 공부한 내용을 써 보면서 되뇌는 식으로 적극적으로 확인하는 것이 좋습니다. 부모가 시
범을 보여 주고 아이가 공부한 것을 숙지하고 있는지 확인합니다.

4학년 미수의 시험 날이 코앞으로 다가와서 미수 엄마는 마음이 급합니다. 밤이면 밤마다 미수를 앉혀 놓고 꾸벅꾸벅 졸고 있는 미수를 열심히 가르치지요. 문제를 풀게 하고 틀리는 문제가 나오면 몇 번을 다시 풀게 하는데도 미수는 틀린 문제를 자꾸만 틀립니다. 엄마는 미수가 틀리는 문제에 열심히 별표를 하고 형광펜으로 중요하다는 표시도 해 가면서 미수를 가르치는데 미수가 왜 자꾸 틀리는지 이해가 안되지요. 밤이 깊어지면서 점점 화가 나는 미수 엄마는 오늘도 목소리를 높입니다.

"미수야! 정신 똑바로 차려야지!"

아이들 시험 기간이 다가오면 동네에 엄마들이 잘 보이지 않는다는 이야기가 있습니다. 아이와 함께 시험 대비에 들어가야 하기 때문에 엄마들이 마음의 여유가 없어지기 때문입니다. 물론 초등학교 4~6학년이라고 해서 시험 대비를 스스로 알아서 척척 할 수 있는 것은 아니기 때문에 부모가 함께하며 도와주는 부분이 필요하지요. 그런데 정작 시험을 보는 당사자인 자녀는 시험 준비에 큰 열의를 보이지 않고 부모가 더 긴장하기도 합니다.

시험 범위 나올 때가 되면 엄마들 본인이 시험 보는 것도 아닌데 시험 범위가 발표되길 기다리며 마음을 졸이는 사람은 엄마들입니다. '수학은 4단원이 너무 어려운데 3단원까지만 나왔으면 좋겠다……' 하며 시험 범위를 기다리다가 시험 범위가 나오면 아이의 교재들을 펼쳐 놓고 시험 범위 분류를 시작하지요. 아이의 공부하는 힘을 키우기 위해서는 시험 범위를 분류하는 일은 당연히 아이가 하도록 해야 합니다. 매번 엄마가 시험 범위 분류를 꼼꼼히 하다 보니 아이는 그저 엄마가 하자고 하는 대로 수동적으로 시험 대비에 들어가곤 하지요. 시간이 걸리더라도 아이가 찬찬히 시험 범위를 확인하도록 해서 교재들을 펼쳐 놓고 어디서부터 어디까지 공부를 하고 시험을 보아야 하는지 체크하도록 하는 것이 좋습니다. 엄마가 하는 것이 '빠르다'라는 이유로 매번 엄마가 앞서 아이의 시험공부를 주도하다 보면 자녀의 자기주도학습 능력은 그 자리에서 빙글빙글 돌게 될 것입니다.

시험 대비 기간마다 자녀와 실랑이를 하며 시험 준비를 시키는 광경은 우리 주변에서 흔히 볼 수 있는 모습이지요. 오죽하면 '아이가 시험 보는 것이 아니라 부모가 시험 보는 것 같다'라는 말들을 할까요. 부모가 '학습 피라미드'를 숙지하고 있다면 시험 준비와 관련해서 시행착오를 덜 겪을 수 있습니다.

학습 피라미드 이해하기

학습 피라미드는 각각의 공부 방법에 따른 공부 효과를 피라미드 형태로 쌓아 올린 것입니다.

시험 준비를 할 때 아이가 빈번하게 틀리는 문제를 놓고 열심히 설명하며 가르치는 것을 반복하다 보면 부모의 머릿속에는 내용이 쏙쏙 들어오지요. 그런데 수동적으로 듣기만 하는 아이는 몇 번을 가르쳐 주어도 물어보면 또 모르고 물어보면 또 모르고 하니까 도통 이해가 안되는 부모는 화가 나기 시작합니다. 집중을 안 해서 그렇다고 생각하는 부모는 아이가 정신을 바짝 차리고 공부하도록 하기 위해서 눈을 크게 뜨고 목소리를 높이기도 하지요. 그런데 정신을 바짝 차려서 집중할 것으

학습 피라미드

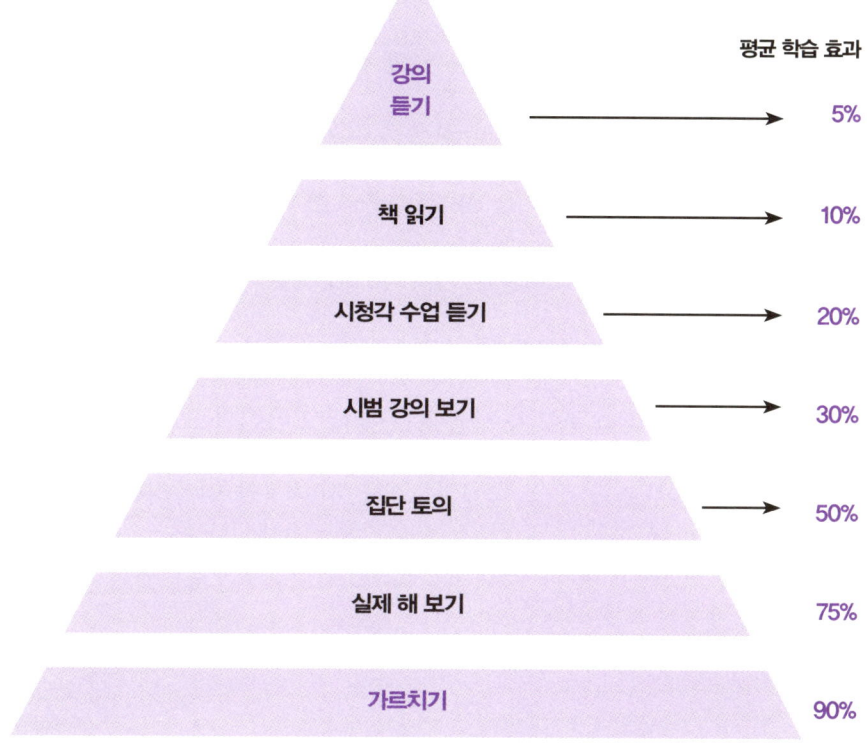

	평균 학습 효과
강의 듣기	5%
책 읽기	10%
시청각 수업 듣기	20%
시범 강의 보기	30%
집단 토의	50%
실제 해 보기	75%
가르치기	90%

로 기대했던 우리 아이가 긴장한 나머지 그나마 알던 것도 생각이 안 나 대답을 못하면 부모는 너무 화가 난 나머지 자녀에게 상처를 주는 말들을 쏟아 냅니다. '그런 식으로 공부하면……' '엄마, 아빠가 시험 보는 거 아니니까……' 하면서 말이지요.

학습 피라미드를 들여다보면 시험 기간에 시간에 쫓기며 아이에게 공부를 가르칠 때 왜 그렇게 자꾸 화가 나는지를 잘 알 수 있습니다. 부모는 가장 학습 효과가 뛰어난 '가르치기' 방법으로 공부를 하고 있고 아이는 가장 학습 효과가 떨어지는 '강의 듣기' 방식으로만 공부를 하고 있기 때문이지요. 우리 아이들이 수업도 들고 숙제도 하고 실제로 문제도 풀어 본 후 학습 효과를 극대화하기 위해서는 혼자 공부를 할 때 가르치지 않고도 가르치는 것과 같은 효과가 나는 방법으로 공부해야 합니다. 스스로 공부한 내용을 적극적으로 떠올리며 중얼중얼 되뇌거나 공부한 내용을 써 보면서 되뇌는 식으로 확인을 해야 하지요. 공부 습관이 잘 들여져 있는 아이들은 자신이 공부한 내용을 적극적으로 떠올리며 내용을 잘 숙지하고 있는지 확인합니다. 아이가 공부를 하긴 하는데 눈으로만 보고 있거나 문제 풀이만 반복적으로 하고 있다면 부모가 시범을 보여 주고 아이가 교재를 한 번씩 참고만 하면서 스스로 공부한 것을 잘 숙지하고 있는지 내용을 떠올리며 확인하는 작업을 할 수 있도록 지도합시다.

Chapter 4

SQ4R 공부 방법을 습관화한다

SQ4R은 '윤곽 잡기 – 질문하기 – 읽기 – 쓰기 – 되뇌기 – 복습하기'의 앞 글자를 딴 말입니다. SQ4R을 적용하여 글을 읽으면 더 잘 집중하게 되어 효과적으로 공부한 내용을 기억할 수 있습니다. 반복적으로 연습하면 자연스럽게 각 단계를 따를 수 있으니 지속적으로 연습하도록 자녀를 격려합시다.

5학년 성민이가 어린이 영어 학습 잡지를 보고 있네요.

"survey, question, read……"

"서베이…… 퀘스천…… 리드……"

진지한 표정으로 중얼거리며 무언가를 열심히 들여다보고 있는 성민이에게 성민 엄마가 궁금한 듯 묻습니다.

"성민아, 어떤 내용이기에 그렇게 진지하게 보고 있니?"

"아, 네, 엄마! SQ3R이라는 읽기 방법에 대해 설명한 글이에요."

"SQ3R?"

"네. 이 방법대로 영어 공부를 하면 더 잘할 수 있대요."

성민이의 설명에 성민 엄마는 생각합니다.

'SQ3R이라면 작년에 어느 교육 특강에서 들었던 방법인데……'

특강에서 들었던 SQ3R 방법을 성민이에게 진작 가르쳐 주지 않은 것이 후회가 됩니다.

 SQ3R은 가장 효과적인 공부 방법 중 하나로 소개되어 전 세계적으로 활용되고 있습니다. 미국 오하이오 주립 대학교 로빈슨 교수가 만든 교육 시스템으로 각 단계의 앞 글자를 따서 'SQ3R'이라 부릅니다. 과학적인 학습 원리를 바탕으로 공부를 꼼꼼히 하도록 도와주는 효과적인 공부 방법인데 SQ3R에 쓰기를 추가하면 SQ4R이 되지요. 공부 방법에 관한 내용들을 찾다 보면 SQ4R이라는 용어를 사용하지는 않아도 이미 여러 다른 용어로 이 공부 방법이 소개되고 있습니다. SQ4R 공부법을 자세히 살펴보면 다음과 같습니다.

SQ4R 이해하기

① 윤곽 잡기(S – SURVEY)

글의 큰 제목, 작은 제목, 그림이나 도표, 그래프, 사진의 제목 등을 찬찬히 훑어보며 글 전체의 윤곽을 잡기 위한 과정입니다. 훑어보는 과정에서 각 단어와 관련된 내용들이 자동적으로 떠오르게 되면서 관련된 글을 더 잘 이해할 수 있게 도와줍니다.

② 질문하기(Q – QUESTION)

큰 제목, 작은 제목 등을 자유롭게 질문 형태로 만들어 보는 과정입니다. 본격적으로 글을 읽기 전 글을 읽는 것에 대한 호기심과 동기를 높여 줍니다. 아이들은 흔히들 제목은 소홀히 보고 바로 내용을 읽으려고 하는데 제목을 보고 공부하는 것과 그렇지 않은 경우 공부의 속도와 효과가 크게 달라지니 주의해야겠습니다. 이미 알고 있는 배경지식과 연결시켜 보는 것도 좋습니다.

③ 읽기(R – READ)

본격적으로 글을 읽는 과정입니다. 중요한 부분과 모르는 말에 표시를 꼼꼼히 하며 읽는 것이 효과적입니다. 어려운 단락이 나오면 읽는 속도를 줄이며 읽는 것이 좋지요.

④ 쓰기(R − WRITE)

단락별로 중요한 내용을 주요 단어 중심으로 단락 옆에 간단히 정리하고 정리한 내용을 다시 공책에 체계적으로 정리하는 과정입니다.

⑤ 되뇌기(R − RECITE)

글을 읽고 정리한 내용을 바탕으로 자신의 말로 떠올려 보는 과정입니다. 소리를 내어 되뇌거나 써 보는 활동으로 내용이 잘 떠오르지 않으면 정리한 내용을 잠시 들여다보고 되뇌는 것이 좋습니다.

⑥ 복습하기(R − REVIEW)

단순히 공부한 내용을 다시 보는 것이 아니라 위의 다섯 단계 중 균형이 깨져 있는 부분이 있는지를 점검해 보며 각 단계를 다시 반복하는 과정입니다.

이렇게 SQ4R을 적용하여 글을 읽으면 더 잘 집중하게 되어 효과적으로 공부한 내용을 기억할 수 있습니다. 처음에는 익숙하지 않아 번거로운 것처럼 보이지만 반복적으로 연습하면 익숙해져서 자연스럽게 각 단계를 따를 수 있으니 지속적으로 연습할 수 있도록 자녀를 격려하며 지도하는 것이 중요합니다.

Chapter 5

생활계획에 자유시간을 둔다

'자유 시간'은 매일 1시간에서 1시간 반 정도로 계획하는 것이 좋습니다. 매일 '자유 시간'을 두게 되면 계획한 것을 미루지 않고 마무리하는 습관을 기를 수 있습니다. 평일에는 바쁜 일정으로 인해 자유 시간을 확보하는 것이 쉽지 않을 수 있으므로 주말을 이용해서 주 1~2회의 조금 긴 자유 시간을 갖도록 합니다.

민준이는 일주일 동안의 생활 계획을 세웠습니다. 계획한 대로 잘 지키다가 3일째 되는 날 갑자기 엄마 친구분이 오셔서 함께 저녁 식사를 하러 나가는 바람에 저녁 공부 시간을 놓쳐 버렸지요. 그래서 그날 계획했던 것을 다 지키지 못했습니다. 한 번 지키지 못하니 왠지 지키지 않아도 될 것 같은 생각이 들어 자꾸만 할 일을 미루게 되고 그다음 날 계획도 실천하지 못했지요. 민준이는 '계획을 세워 봤자 지키기 힘든데 어차피 다 지키지도 못할 거 그냥 그날그날 정해서 공부하면 안 되나?' 하는 생각이 들기 시작합니다.

효과적으로 공부를 해 나가려면 가장 중요한 것이 '시간'을 관리하는 것입니다. 누구나 시간을 관리해야 한다고 생각하고 거창하게 계획을 세우지만 '작심삼일'이라는 말이 있듯이 지키기 쉽지 않지요. 예측하지 못했던 일들이 발생하기 때문에 계획을 세우고 100% 실천하는 것은 의지가 있다고 해서 되는 것은 아닙니다. 계획을 100% 지키지 못하면 계획을 세우는 것이 소용없다고 생각하는 아이들도 많은데 계획은 생활의 큰 틀을 짜 놓는 것이지 100%를 다 지켜야 하는 것은 아닙니다. 계획의 20% 정도는 수정해야 하는 상황이 빈번하게 발생할 수 있는데 계획을 수정해 나가는 것도 중요한 시간 관리 능력입니다.

계획을 세울 때 지나치게 욕심을 내서 빡빡하게 계획을 세우기도 하는데 예측하지 못했던 돌발 상황이 생길 경우 계획을 수정할 수 있도록 '자유 시간'을 두는 것이 필요합니다. '자유 시간'은 두 가지 용도로 사용할 수 있습니다. 첫 번째 용도는 계획했던 공부를 하지 못했을 때 그 공부를 하는 시간으로 사용하는 것입니다. 두

번째 용도는 계획했던 공부를 모두 마쳤을 때 내가 하고 싶은 일들을 하는 시간으로 활용하는 것입니다. 열심히 공부한 자신에게 주는 '보상의 시간'이지요. 계획한 공부를 모두 마쳤을 경우 사용하게 되는 자유 시간을 어떻게 사용할지는 아이의 노력 여부에 달려 있기 때문에 시간에 대한 책임감을 기를 수 있게 되고 스스로 시간을 통제하고 관리하는 능력을 높일 수 있는 효과가 있습니다.

'자유 시간'은 매일 1시간에서 1시간 반 정도로 계획하는 것이 좋습니다. 매일 '자유 시간'을 두게 되면 계획한 것을 미루지 않고 마무리하는 습관을 기를 수 있습니다. 평일에는 바쁜 일정으로 인해 자유 시간을 확보하는 것이 쉽지 않을 수 있기 때문에 이런 경우에는 주말을 이용해서 주 1~2회 정도 조금 긴 자유 시간을 갖는 것도 좋습니다.

자유 시간에 하고 싶은 일 목록 만들기

효과적으로 자유 시간을 사용하려면 '자유 시간'에 어떤 일들을 하고 싶은지 목록을 만들어 놓는 것이 좋습니다. 자유 시간에 무엇을 할 것인지 계획해 두지 않으면 '자유 시간'이 생긴다 하더라도 시간을 의미 없이 흘려보낼 수 있지요. 목록을 작성할 때는 '만화 그리기, 댄스 연습하기, 보드게임하기' 등 구체적으로 적어서 보이는 곳에 붙여 두는 것이 효과적입니다. 눈에 보이는 목록들을 보면서 '오늘 할 공부를 열심히 다 하면 내가 하고 싶은 것을 할 수 있다'라는 기대를 하고 계획한 것을 실천하기 위해 우리 아이들이 더욱 더 열심히 노력하게 될 것입니다.

 **부모 수업 • 03 | 자유 시간 정하기**

◉ 방과 후 민준이의 자유 시간 계획

1. 자유 시간을 날마다 몇 시간 둘 것인지를 결정합니다.

2. 자유 시간을 포함시켜 시간 계획표를 짭니다.

3. 자유 시간에 무엇을 하고 싶은지 목록을 정합니다.

4. 목록을 늘 보이는 곳에 붙여 두고 계획한 공부를 마칠 수 있도록 노력합니다.

	월	화	수	목	금	토	일
16:00	영어 학원	국/수/사/과 문제집 공부하기	영어 학원	국/수/사/과 문제집 공부하기	영어 학원	할아버지 댁 가기	가족들과 찜질방
17:00							
18:00	숙제	책 읽기	숙제	책 읽기	숙제		한자 공부
19:00	저녁 식사	저녁 식사	저녁 식사	저녁 식사	저녁 식사	저녁 식사	저녁 식사

★ 토요일 & 일요일 오후 4시 전까지 : 각각 영어 단어 20개씩 외우기, 한 주간 밀린 공

　부하기 마치면 자유 시간

★ 자유 시간에 하고 싶은 것들

　• 메이플스토리 신간 읽기

　• 아빠와 함께 자전거 타기

　• 좋아하는 TV 프로그램 보기

　• 줄넘기 100번 하기

아이들의 입장에서는 충분히 놀지 못하고 늘 공부만 한다 생각하고 부모의 입장에서는 아이가 충분히 공부하지 않고 놀려고만 한다고 생각해서 부모-자녀 간 입장 차이가 크곤 하지요. 눈에 보이도록 자유 시간을 정해 놓으면 아이들의 속상한 마음을 달래 줄 수 있고 공부도 더 집중해서 할 수 있으니 학습 계획을 세울 때는 꼭 자유 시간을 정해 놓도록 합시다.

PART 3

시험 대비는
전략적으로!

시험 대비를 전략적으로 해야 좋은 결과를 얻을 수 있습니다.
시험 준비 기간을 정하는 것에서부터 시험 볼 때 불안 요소를
없애는 방법까지 자세히 알아 둡시다.

Chapter 1

시험 준비기간에 평소처럼 공부하면 안된다

자녀가 초등학생 때까지는 부모가 옆에서 격려해 주고 직접적으로 개입하면서 도와주면 혼자서 시험 준비를 하는 것보다 좀 더 효율적으로 시험 준비를 할 수 있습니다. 학교 공부를 하는 동안 시험이라는 것은 피할 수 없는 과정이므로 아이들이 주어진 시간에 최선을 다해서 시험 준비를 하는 힘을 기르도록 합니다.

'4월 말이면 중간고사를 볼 테니 이때쯤에는 시험 날짜와 시험 범위를 선생님이 알려 주시겠지'하고 시험 일정 발표를 기다리고 있던 민호 엄마는 민호가 알림장에 시험 범위를 적어 오자마자 마음이 다급해져서 교과서, 문제집들을 쌓아 놓고 시험 범위 분류에 들어갑니다. 그러고 나서 내일부터 시험공부를 시작해야겠다고 민호에게 통보하고는 시험 계획표를 짜려고 교재들을 이리저리 뒤적이다 이건 아니라는 생각이 들었지요. 4학년이 되면 민호 스스로 시험 준비를 하도록 지도하겠다고 생각해 놓고 엄마의 마음만 급해서 결국 또 먼저 나섰으니까요. 엄마는 민호를 불러서 '민호야, 우리 시험공부 계획 같이 세워 보자'하고 차근차근 민호의 시험 계획 세우기를 도와주기 시작합니다.

우리 자녀들이 학교에서 보는 시험을 처음 경험했던 1학년 때는 시험을 보기 전에 시험 준비를 해야 한다는 생각을 별로 하지 못했고 어떻게 준비해야 하는 것인지도 잘 모르는 상태였지요. 그저 엄마가 알려 주고 시키는 대로 공부하면 성적이 어느 정도 나올 수 있었습니다. 그러나 점차 학년이 올라가고 시험 보기를 여러 번 경험하면서 '시험을 위한 공부'를 해야 한다는 것을 깨닫기 시작하고 시험에서 좋은 성적을 받기가 쉽지 않다는 것을 알게 됩니다. 그렇지만 여전히 시험을 어떻게 준비해야 하는지, 시험공부는 어떻게 해야 하는지에 대해서 잘 모르는 아이들이 많습니다.

자녀가 초등학생 때까지는 부모가 옆에서 격려해 주고 직접적으로 개입하면서 도와주면 혼자서 시험 준비를 하는 것보다 좀 더 효율적으로 시험 준비를 할 수 있습니다. 우리 아이들이 스스로 공부하는 힘이 아직은 약합니다. 학교 공부를 하는 동안 시험이라는 것은 피할 수 없는 과정이므로 아이들이 주어진 시간에 최선을 다해서 시험 준비를 하는 힘을 기를 수 있도록 도와주어야 합니다. 평소에 공부하는 습관이 잘 들여져 있지 않은 아이들도 적절한 도움을 준다면 시험을 준비하는 과정을 통해 부족한 공부를 보충하고 공부에 몰입할 수 있는 힘을 길러 나갈 수 있습니다. 시험 2~3주 전에도 평소 공부하는 것처럼 공부하면 시험 때 낭패를 볼 수 있으므로 '집중적으로' 시험공부하는 연습을 하도록 지도하는 것이 필요합니다.

시험 날짜와 시험 범위 챙기기

학교에서는 적어도 시험일 2~3주 전에 시험 날짜를 공지하면서 각 교과별 시험 범위를 알려 줍니다. 시험 준비에 대한 인식이 없는 아이들은 시험 범위는 물론 시험 날짜조차 제대로 알아 오지 않지요. 조급한 마음에 엄마가 직접 알아보는 것으로 해결할 것이 아니라 아이가 직접 알아보는 습관을 기르는 것이 중요합니다. 시험 날짜와 시험 범위를 잘 챙기지 않는 습관은 중·고등학생 때까지 이어지기 때문이지요. 또 시험 날짜와 시험 범위를 알아 왔을 때 부모가 교과서나 문제집을 쌓아 놓고 시험 범위를 분류해 주는 것은 피해야 합니다. 자녀가 직접 교과서나 문제집을 쌓아 놓고 시험 범위를 확인하며 어디서부터 어디까지 공부를 하고 시험을 보아야 하는지 표시하도록 하는 것이 좋습니다.

시험공부 계획 세우기

평소에 학교 공부 복습을 열심히 한다 하더라도 시험을 볼 때까지 그 내용을 다 기억하는 건 쉽지 않습니다. 그러므로 적어도 시험 2~3주 전에는 전체 시험 범위를 '집중적으로' 공부할 수 있는 계획을 세워야 하지요. 교과서, 전과, 문제집 등 시험공부를 할 때 사용할 교재를 정하고 날짜별로 공부할 교과와 분량을 구체적으로 정합니다. 아이들은 시험공부를 한다고 하면 무조건 문제부터 풀려고 하는데 문제를 풀기 전에 먼저 교과서를 보도록 계획을 세워야 합니다. 물론, 내용 공부를 꼼꼼히 하는 것이 익숙지 않아 시간이 지나치게 많이 걸리고 효율이 떨어지는 경우에는 내용을 참고하면서 문제를 푸는 방식을 통해 공부 리듬을 타는 것이 필요합니다.

시험공부를 할 때는 하루 종일 한 교과만 집중적으로 하는 것보다는 여러 날에 걸쳐 조금씩 나누어 공부하는 것이 더욱 효과적인데 시험 2~3주 전에는 특히 그렇습니다. 더 자주 공부해야 하는 교과는 매일 공부하도록 하고 나머지 교과들은 번갈아서 공부할 수 있도록 계획을 짜면 시험공부에 도움이 됩니다. '수학+국어, 수학+사회, 수학+과학……' 이런 식으로 말이지요.

계획에 따라 시험공부하기

계획한 것을 지키지 못하면 다음 날에 지장을 주게 되고 계획에 차질이 생겨 시험공부에 방해가 되므로 시험 준비를 하는 동안에는 계획한 것을 매일매일 잘 지키고 있는지 면밀하게 점검해야 합니다. 공부한 것이 충분히 이해되었는지, 중요한 내용을 암기하고 있는지 등을 체크해야 합니다. 아이들은 한 번 공부하고는 다 알고 있다고 하면서 암기하는 것을 싫어하지요. 그러나 보는 것과 기억하는 것은 다릅니다. 아이가 중요한 내용을 잘 기억하고 있는지를 점검하고자 할 때는 감시하듯이 체크하기보다는 '도전 퀴즈왕, 골든벨' 등 문제 맞히기 놀이를 통해 즐겁게 점검하고 아직 덜 외워진 내용은 정확하게 암기할 수 있도록 도와줍시다. 계획한 것을 모두 실천하는 것은 쉬운 일이 아니므로 칭찬과 격려가 필요하지요.

시험 전날 차분하게 마무리하기

시험 하루 전까지 공부가 안되어 있어 벼락치기를 한다거나 계획대로 공부를 해 왔지만 불안한 마음에 밤늦게까지 잠을 안 자고 공부를 하는 것은 좋지 않습니다. 물론 시험 범위 내용을 미처 다 공부하지 못해서 밤늦게까지 최선을 다해서 공부하는 것도 필요하지요. 하지만 늦게까지 공부를 했더라도 다음 날 아침 여유 있게 일어나서 시험 보기 1시간 전에는 시험 범위의 내용을 다시 한 번 빠르게 정리해야 합니다. 늦게까지 공부하고 다음 날 헐레벌떡 일어나서 시험을 보러 가는 것은 시험공부한 내용을 '기억'하는 것에 효과적이지 않습니다. 시험 전날에는 그동안 공부했던 내용을 다시 한 번 정리한다는 마음으로 공부했던 내용을 처음부터 쭉 훑어보고 중요하다고 표시했던 부분들을 한 번 더 암기하는 것으로 마무리합니다. 그리고 편안한 마음으로 충분한 수면을 취하도록 합니다. 잠자는 동안에 뇌가 공부한 내용을 되새기고 있다는 것을 명심합니다. 너무 늦게까지 공부해서 몸을 피곤하게 하는 것은 오히려 좋지 않으니까요. 늦게까지 공부하는 것보다 시험 당일 일찍 일어나서 다시 한 번 훑어보는 것이 더 효과적이라는 것을 꼭 기억합시다. 지나치게 긴장하거나 불안하면 아는 것도 생각이 잘 나지 않으므로 아이가 편안한 마음으로 시험을 보러 갈 수 있도록 격려하는 일도 잊지 말아야겠지요.

시험 후 일상생활 리듬 유지하기

시험을 준비하고 잘 치르는 것 이상으로 중요한 것은 시험을 보고 난 후의 관리입니다. 아이들이 시험공부하기를 힘들어할 때 부모들은 이렇게 말하지요.

"며칠만 참아. 시험 끝나면 실컷 놀게 해 줄게."

시험이 끝나고 며칠 동안 놀기만 하는 아이를 보다 보면 언제부터 다시 공부를 하라고 해야 할지, 무엇부터 다시 시작하도록 해야 할지 고민되기 시작합니다. 시험이 끝나고 지나치게 긴장이 풀어져서 일상생활의 리듬이 끊기면 다시 리듬을 타기가 쉽지 않습니다. 따라서 시험이 끝난 후에 하루, 이틀 정도는 일상에서 벗어나 실컷 놀되 그 후에는 일상생활에서 크게 벗어나는 일 없이 자기 할 일을 해 나가도록 지도하는 것이 필요합니다.

Chapter 2

시험 시작 1시간 전을 꼭 활용해야 한다

시험은 다분히 전략적인 것이라 똑같은 시간을 들여도 어떻게 공부하느냐에 따라서 시험 결과가 달라집니다. 망각 곡선을 이해하고 있으면 더 효과적으로 시험을 볼 수 있는데, 완전 학습이 되지 않은 상태에서 시험을 본다면 시험 보기 1시간 전에 공부한 내용을 열심히 정리하는 것이 필요합니다. 시허 직전까지 공부하는 '초 치기' 효과를 기억합시다.

학교 시험 준비를 하고 있는 5학년 경수. 4학년 때에 비해서 공부 내용이 어려워지고 시험 범위 분량도 많아서 시험 범위 내용이 머릿속에 다 들어가 있는 것 같지 않아 경수는 걱정이지요. 시험 범위를 모두 훑어보긴 했는데 시험 범위 내용을 다시 한 번 정리하기에는 밤이 너무 깊었습니다. 엄마, 아빠는 시험 전날이니까 일찍 자야 한다고 계속 말씀하시는데 밤이 깊어 갈수록 경수는 마음이 더 급해져서 어찌할 줄을 모르고 있지요. 늦게까지 공부하고 다음 날 아침 헐레벌떡 일어나서 시험을 보러 간 경수는 분명히 어젯밤에 공부한 내용인데도 생각이 잘 나지 않아서 당황하고 있습니다.

시험 전날 늦게까지 공부하는 아이들이 많습니다. 느긋하게 있다가 시험 전날이 되어서 갑자기 마음이 급해지는 것이지요. 부모는 시험 전날이니 일찍 자야 한다고 계속 말하고 아이는 조금만 더 조금만 더 하다가 피곤한 채로 늦게 자게 되고 다음 날 아침 헐레벌떡 일어나서 바로 시험을 보러 가곤 합니다.

시험공부를 할 때 시험 범위에 있는 내용을 완전히 머릿속에 다 넣은 채로 하루 전날 시험 준비를 완벽하게 끝내는 아이들은 드물지요. 시험 보기 직전까지 이른바 '초 치기'를 하게 됩니다. 공부를 꼼꼼하게 한 아이들도 시험 보기 직전 쉬는 시간에 열심히 공부한 내용을 다시 한 번 확인하고 시험 보기 직전까지 마지막 정리를 합니다. 그런데 시험 보기 전 쉬는 시간에 이리저리 뛰어다니며 친구들과 떠들고 장난치기 바쁜 아이들도 많지요. 시험 보기 직전까지 공부한 내용을 확인하며 정리하는 것의 중요성을 모르기 때문입니다. 다시 볼 필요도 없이 공부한 내용이 완전히 머릿속에 들어가 있다면 괜찮지만 공부를 했어도 기억이 잘 나지 않는 경우가 많으므로 시험 직전까지 최선을 다하는 것이 필요합니다.

시험은 다분히 전략적인 것이라 똑같은 시간을 들여도 어떻게 공부하느냐에 따라서 시험 결과가 달라지지요. 노트 정리나 읽기 방법 등 학습, 기술적인 것을 떠나서라도 사람이 어떤 패턴으로 잊느냐와 관련된 내용을 이해하고 있으면 더 효과적으로 시험을 볼 수 있습니다.

망각 곡선 들여다보기

유명한 심리학자인 에빙하우스Hermann Ebbinghaus가 수많은 실험을 통해서 사람이 어떤 패턴으로 잊느냐와 관련된 '망각 곡선'이라는 것을 얻어 냈습니다. 복습이 왜 필요한지를 설명하는 데 자주 등장하는 곡선이지요. 만약 영어 단어 열 개를 공부했다고 치면 10분이 지나면서 망각이 시작되고 1시간이 지나면 기억하는 양이 반으로 떨어지고 하루가 지나면 더 많이, 이틀이 지나면 25%까지 기억하는 양이 떨어집니다. 분명히 영어 단어 100개를 완전히 외우고 단어 테스트에서도 무사히 통과했는데 일주일이 지난 후에 보면 기억나는 영어 단어가 별로 없는 현상이 생기지요. 그래서 복습이 필요한 것입니다.

같은 것을 또 공부하면 1시간이 지나도 처음 공부했을 때보다 더 많이 기억하게 되고 시간이 지나서 또 공부하면 1시간이 지나도 더 많이 기억하게 되어 이런 과정을 반복하다 보면 결국 완전 학습이 되는 것이지요. 전문 용어로는 '과학습overlearning'이라고 합니다. 일반적으로는 같은 것을 4~5번 시간을 두고 공부해야 과학습이 되는데 난이도에 따라서는 열 번을 반복해서 공부해도 과학습이 되지 않는 것들이 있습니다.

'망각 곡선 1'을 가만히 들여다보면 10분이 지나면서 이미 망각이 시작되고 1시간이 지나면 회상률이 50%로 떨어지기 때문에 완전 학습이 되지 않은 상태에서 시험을 본다면 시험 보기 1시간 전에 공부한 내용을 열심히 정리하는 것이 필요합니다. 그래서 시험 직전까지 공부하는 '초 치기'가 효과가 있는 것이지요. 이런 공부의 원리를 자녀에게 찬찬히 설명해 주고 시험 보기 직전까지 최선을 다하도록 지도합시다.

망각 곡선 1 : 에빙하우스의 망각 곡선

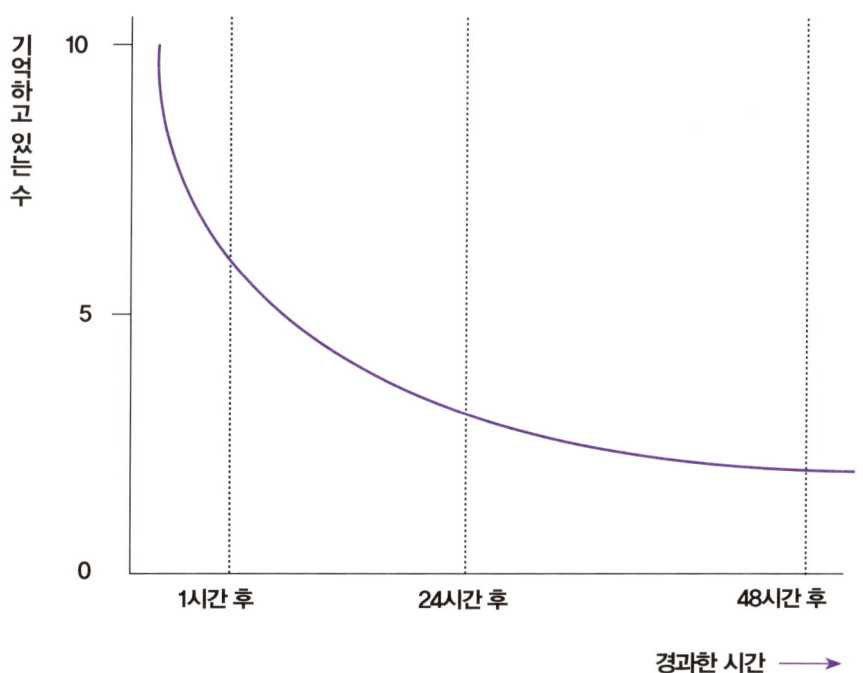

Chapter 3

자투리시간에는 과학습을 돕는 공부를 한다

공부하는 횟수가 늘어날수록 완전 학습(과학습)이 되는 데 유리합니다. 본 것을 또 보는 것은 에너지가 적게 들면서도 과학습에 필요한 것이기 때문에 자투리 시간에는 과학습이 되는 데 필요한 공부를 하는 것이 효과적입니다. 과학습이 되는 데 유리한 공부는 '본 것을 또 보는' 것입니다. 평소 꼼꼼히 정리한 노트를 반복적으로 보는 것이 한 예입니다.

6학년 상현이는 이제 곧 중학생이 된다고 생각하니 중학교 생활이 기대도 되고 걱정도 됩니다. 공부 내용이 많이 어려워진다고 주변에서들 이야기해서 긴장이 되지요. 시간 관리가 중요하다고 들었기 때문에 앞으로는 시간을 아껴서 자투리 시간을 잘 활용해야겠다고 마음먹습니다. 하지만 욕심을 내서 자투리 시간에 공부를 하려다 보니 후딱후딱 시간이 지나가 버려서 자꾸만 공부가 끊기는 게 아니겠어요? 상현이는 '에이…… 자꾸 하다 끊기고 하다 끊기고 그러니까 차라리 나중에 몰아서 한꺼번에 하는 게 낫겠다' 생각하고 자투리 시간 사용을 포기합니다.

자투리 시간은 그야말로 '자투리' 시간이지요. 10분, 15분, 20분 짧은 시간에 욕심을 내서 새로운 내용을 공부하려고 한다든가 시간이 많이 필요한 공부를 하려고 하면 하다 끊기고 하다 끊기고 해서 결국 자투리 시간 활용을 포기하게 됩니다. 하루 24시간은 누구에게나 똑같지요. 학년이 올라갈수록 할 공부가 많아지지만 시간에 쫓기므로 자투리 시간을 잘 활용하는 것이 공부하는 데 큰 도움이 됩니다. 시간 관리를 할 때 자투리 시간을 활용하는 것에 관심이 많은 이유는 할 일을 한꺼번에 하는 데 시간이 충분하지 않기 때문입니다. 그렇다면 우리 아이들이 자투리 시간에 어떤 공부를 하는 것이 효과적일까요? 다음 '망각 곡선 2'를 봅시다.

망각 곡선 2 : 복습의 효과

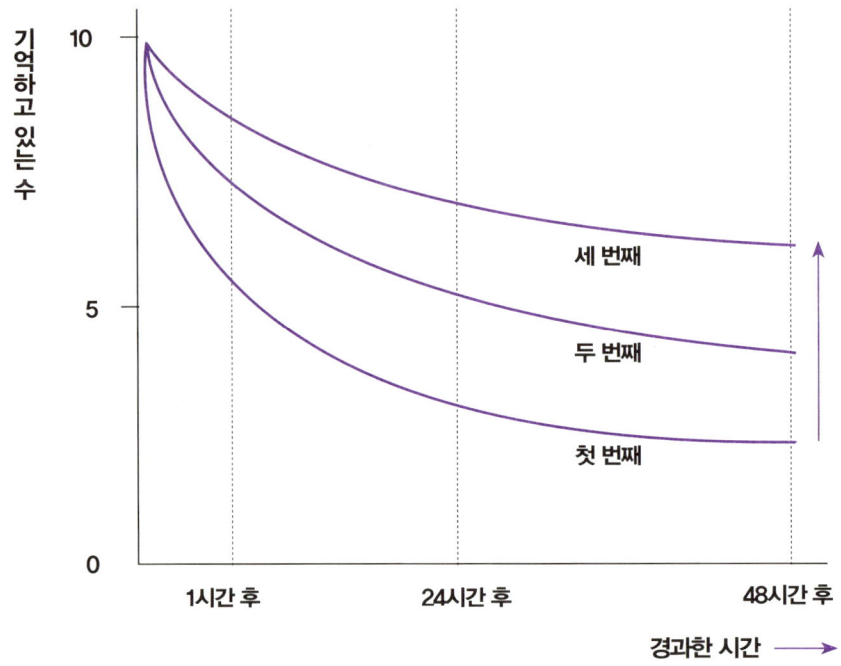

'망각 곡선 2'를 보면 공부하는 횟수가 늘어날수록 완전 학습_{과학습}이 되는 데 유리한 것을 알 수 있지요. 본 것을 또 보는 것은 에너지가 적게 들면서도 과학습에 필요한 것이기 때문에 자투리 시간에는 과학습이 되는 데 필요한 공부를 하는 것이 효과적입니다. 자투리 시간과 과학습의 관계를 잘 모르고 있는 경우에도 이미 우리는 자투리 시간에 과학습이 되는 데 유리한 공부를 하고 있습니다. 바로 '본 것을 또 보는' 공부를 하는 것이지요. 외웠던 영어 단어 목록을 다시 들여다본다든가, 외워야 할 고사성어 목록을 들고 다니며 자투리 시간에 반복적으로 봅니다. 평소 꼼꼼하게 정리해 둔 노트를 반복적으로 보기도 하지요.

물론 자투리 시간에 몇 문제씩 나누어 문제를 푼다든가 하는 식으로 새로운 공부를 하는 것도 좋지만 시간을 쪼개 써야 하는 자투리 시간을 이것저것 공부하는 것으로 두서없이 활용하는 것보다는 자투리 시간에 어떤 공부를 할지 분명히 정해 놓고 공부하는 것이 더 효과적입니다. '자투리 시간에는 본 것을 또 보면서 힘이 적게 들고 과학습이 되기에 유리한 공부를 한다'라고 명확하게 목표를 정하면 막연하게만 생각했던 자투리 시간 활용을 더 잘할 수 있지요. 공부를 하다 끊기고 하다 끊기고 해서 결국 소중한 자투리 시간 활용을 포기하는 일은 적어도 없어질 테니 자투리 시간에 할 공부를 아이와 상의해서 미리 정해 놓도록 지도합시다.

Chapter 4

나만의
시험 대비용
수학 프린트를 만든다

자녀의 수학 문제집을 체크하고 우선순위를 정해서 순서대로 차근차근 공부하도록 합니다. 우선 주교재 한 권, 보조 교재 한 권씩을 선택해서 기본 학습과 응용 학습을 병행하는 것이 효과적입니다. 주교재 한 권은 완전 학습이 될 때까지 반복적으로 틀린 문제를 다시 풀어 보도록 하고 보조 교재를 한 권씩 계속 짝지어서 공부합니다.

민영이는 5학년 수학 공부에 어려움이 많습니다. 1학기 1단원부터 내용이 너무 어려워서 이해가 잘되지 않아 좋다고 하는 수학 문제집을 네 권이나 구입해서 이것저것 돌아가며 문제집을 풀고 있지요. 여러 권의 문제집을 풀려고 하니 시간이 많이 걸리고 분명히 문제를 많이 풀고 있는데 실력은 자꾸만 그 자리인 것 같고 단원 평가 점수도 늘 비슷비슷합니다. 수학 학원에 다니고 있는 민영이는 수학 학원에서 나누어 준 프린트로 하루에도 수십 개씩 문제를 풀고 있는데 시험 점수가 늘 고만고만하니 어떻게 공부해야 할지 모르겠습니다. 민영이 부모님도 속상하기는 마찬가지지요.

아이들이 가지고 있는 학습 교재를 점검해 보면 다른 교과목은 교재가 잘 갖추어져 있지 않아도 수학만큼은 최소한 두세 권 갖추어 놓은 경우가 많습니다. 단계별로 기초부터 심화까지 수학 문제집을 구입하고 단원마다 이 문제집 저 문제집을 번갈아 가면서 풀지요. 그런데 한 권의 문제집에 있는 문제를 완전히 이해하고 넘어가기보다는 여러 권의 문제집으로 문제만 많이 풀면서 아는 것은 계속 알고 모르는 것은 계속 모르는 상태가 되기도 합니다. 모르는 것을 알아 가는 공부가 아니라 그저 아는 것을 확인하는 정도의 공부를 하는 셈이지요.

　자녀의 수학 문제집을 체크해서 여러 권의 문제집을 갖추어 놓았다면 우선순위를 정해서 순서대로 차근차근 공부하도록 하는 것이 필요합니다. 우선 주교재 한 권, 보조 교재 한 권씩을 선택해서 기본 학습과 응용 학습을 병행하도록 하는 것이 효과적입니다. 주교재 한 권은 완전 학습이 될 때까지 반복적으로 틀린 문제를 다시 풀어 보도록 하고 보조 교재를 한 권씩 짝지어서 교재를 두 권씩 병행하며 공부하는 것이지요. 예를 들어 교재 '가, 나, 다, 라'가 있고 '가'를 주교재로 잡았다면 '[가+나] – [가+다] – [가+라]' 순서대로 공부하도록 합니다. 주교재는 시간을 두고 틀린 문제를 최소한 4~5회 반복해서 풀어 완전 학습이 되도록 하고 보조 교재를 활용해서 응용력을 키우는 것이 좋습니다.

나만의 수학 프린트 만들기

오답 노트를 한두 번 복습한다고 해서 완전 학습이 되는 것은 아니지요. 물론 쉬운 내용은 한두 번 다시 풀어서 완전 학습이 되기도 하지만 어려운 문제들은 최소한 4~5회 반복해서 풀어야 합니다. 어떤 문제는 열 번을 반복해서 다시 풀어야 완전 학습이 되기도 하지요. 잘 이해가 되지 않는 문제를 완전히 이해하는 데에 '수학 프린트'를 만드는 것이 도움이 됩니다. 시간에 쫓기는 아이를 위해서 부모가 도와주어도 괜찮습니다. 자녀를 끼고 앉아서 일일이 하나하나 공부를 가르쳐 주는 식으로 아이의 공부에 개입하는 것보다는 다른 형태로 자녀의 학습을 도와주는 것이지요. 다음과 같이 수학 프린트를 만들어 보도록 합시다.

수학 프린트의 예

〈○○ 수학〉

p. 106

4. 동물원에 있는 학의 다리를 세어 보았더니 모두 18개였습니다. 학은 모두 몇 마리인지 수를 쓰고 답을 구하시오.

p. 106

7. 뺄셈식을 보고 나눗셈식을 쓰시오.

p. 109

7. 다음의 수를 오른쪽으로 ▷만큼 돌려서 나오는 수의 차를 구하시오.

p. 121

3. 주호네 공원은 한 바퀴가 76m입니다. 주호는 아침마다 공원을 세 바퀴씩 뜁니다. 주호가 아침마다 뛰는 거리는 몇 m입니까?

노트나 A4 용지를 앞의 예와 같이 4분할해서 한 면에 틀린 문제가 네 개씩 들어가도록 합니다. 평소 아이가 푼 문제 중에 틀린 문제들만 모아 가는 것이지요. 그런 후에 시험 한 달 전이나 최소한 2주 전에 시험 범위 중 틀린 문제만 모아 놓은 것을 네 부 정도 복사해 둡니다. 시험 한 달 전이면 더 여유 있게 공부할 수 있지만 시험 한 달 전까지 가지고 있는 문제집을 모두 푸는 경우는 그리 많지 않지요. 만약 시험 2주 전에 틀린 문제 모은 것을 네 부 복사했다면 3일에 한 번씩 복사한 프린트물 한 부씩을 다시 풀도록 합니다. 그러면 시험 때까지 틀린 문제를 최소한 4회 반복해서 다시 풀 수 있지요. 틀린 문제가 너무 많아서 시험 때까지 틀렸던 문제를 모두 다 4회씩 풀기가 여의치 않다면 난이도와 아이가 어려워하는 문제에 따라 선별적으로 반복해서 다시 푸는 횟수를 조정하도록 합시다. 이렇게 아이만의 수학 프린트를 만들어서 시험 준비를 하도록 하면 모르는 것을 알아 가는 공부를 효과적으로 할 수 있으니 꼭 활용해 보기를 권합니다.

Chapter 5

자녀의 시험 불안을 예방한다

아이들이 시험을 볼 때 많이 긴장된다고 이야기할 경우 시험 보는 시간엔 다 긴장되는 거라며 대수롭지 않게 넘어가지 말고 혹시 우리 아이가 시험 불안이 심한 것은 아닌지 점검해 봅니다. 시험 불안을 극복하기 위해서는 건강하지 못한 생각을 건강한 생각으로 바꾸는 연습을 하는 것이 필요합니다. 공부하는 만큼 성적이 잘 안 나온다면 부모가 도와주도록 합시다.

초등 5학년 준철이는 영어는 자신이 있지만 수학은 자신이 없습니다. 준철이의 부모님은 매우 엄격하신 분들이지요. 준철이는 시험 결과에 대해 늘 걱정하고 불안해합니다. 평소 연습 문제를 풀 때는 만족할 만한 점수가 나오지만 시험만 보면 수학 점수가 형편없는 준철이. 연습 문제를 풀 때는 90~100점이 나오지만 시험만 보고 나면 40~50점을 받는데 알고 보니 수학 시험 시간만 되면 너무 긴장을 해서 책상이 흔들리고 붕붕 뜨는 것 같은 시험 불안이 극심한 상황이었습니다.

불안이나 긴장 등으로 인해 정서적으로 안정되지 못하면 들어오는 정보에 주의를 기울여서 장기 기억으로 정보를 넘기거나 장기 기억에 남아 있는 정보를 기억해 내는 역할을 하는 '작업 기억'의 용량이 떨어집니다. 그러니 알고 있던 내용들이 잘 생각이 나지 않거나 당황한 나머지 실수를 하게 되어 시험에서 제 실력을 발휘하지 못하게 되지요. 아이들이 시험을 볼 때 많이 긴장되고 손에 땀이 난다고 이야기할 경우 시험 보는 시간엔 다 긴장되는 거라며 대수롭지 않게 넘어가지 말고 혹시 우리 아이가 시험 불안이 심한 것은 아닌지 점검해 보는 것이 필요합니다. 시험 불안에는 일반적으로 다음과 같은 유형이 있습니다.

불안 초조형

시험이 다가오면 불안 초조함을 느낀 나머지 공부에 집중할 수 없게 되고 만족스럽지 않은 결과가 나오면 어쩌나 하는 생각에 지속적으로 긴장하게 되고 안절

부절못하게 되는 유형입니다. 주어진 과제에 집중하지 못하게 되므로 머릿속에 들어오는 정보의 양이 터무니없이 적고 시험 준비에 스퍼트를 낼 수 없게 되어 결국 시험 준비에 실패하게 되지요.

공허형

시험 때마다 시험 불안으로 인해 좋지 않은 결과를 얻는 것이 반복되면서 '이렇게 공부해서 뭘 하나' '열심히 공부해도 결과가 좋지 않아 허무하다' 등 공허한 생각이 끊임없이 들어 시험 준비에 점점 더 집중하지 못하는 유형입니다.

탈진형

시험이 다가오면서 의욕이 앞서거나 시험에 대한 압박을 느끼면서 시간에 쫓기게 되어 잠을 줄이기 위해 커피 등 카페인을 과다하게 섭취하고 늦게까지 잠을 자지 않으면서 공부를 하려고 하다가 컨디션 조절에 실패하여 효과적으로 공부하지 못하는 유형입니다.

시험 불안을 유발하는 건강하지 못한 생각들

과잉일반화	한두 번의 경험이나 결과를 모든 상황에 적용하는 것 ➜ "항상 수학 시험을 못 봤으니까 이번에도 수학 시험을 못 볼 거야."
자기 초점화	나의 시험 결과에 대해서 사람들이 과도하게 주의와 관심을 기울일 것이라고 믿는 것 ➜ "시험을 못 보면 친구들이 내게 '공부를 그렇게 못하냐' 하면서 나를 놀릴 거야."
파국적으로 생각하기	항상 최악의 사태를 생각하고 자신에게 최악의 상황이 언제든지 일어날 수 있다고 생각하는 것 ➜ "시험을 보다가 답을 밀려 써서 시험을 망칠 것 같아."
이분법적 사고	기대만큼 잘하지 못하는 것은 실패하는 것이라고 생각하는 것 ➜ "90점 이상을 받지 못하면 실패하는 거야."
극대화와 극소화	어떤 사건의 중요성을 지나치게 극대화, 극소화하는 것 ➜ "저번 시험보다 조금이라도 성적이 떨어지면 난 반에서 꼴찌할 거야."
잘못된 마음 읽기	타인의 행동이나 말을 자신의 입장에서 잘못 해석하는 것 ➜ "내가 시험을 잘 못 보면 우리 부모님들은 나를 포기할 거야."
당위적 사고	반드시 …해야 한다고 생각하는 것 ➜ "나는 반드시 1등을 해야 해."
자기 비하적 사고	잘못된 일부 행동으로 자신의 모든 가치를 평가 절하하며 자기를 비하하는 것 ➜ "난 시험 준비에 최선을 다하지 않았어. 그러니까 난 한심한 인간이야."

시험 불안은 대개 건강하지 못한 생각에서 비롯되므로 시험 불안을 극복하기 위해서는 건강하지 못한 생각을 건강한 생각으로 바꾸는 연습을 하는 것이 필요합니다. 예를 들어 '내가 이 시험에서 좋은 성적을 얻지 못하면 친구들은 나를 바보

건강하지 못한 생각을 건강한 생각으로 바꾸는 연습

논리적으로 생각하기	'내가 좋은 성적을 얻지 못하는 것=바보'라는 논리적 근거가 어디에 있는지 생각한다.
현실성 있는 생각하기	내가 좋은 성적을 받지 못했을 때 친구들이 나를 바보라고 놀린 경험이 있었는지 생각한다.
실용적으로 생각하기	좋은 성적을 얻지 못하면 친구들이 나를 바보라고 할 것이라고 계속 생각하는 것이 나에게 도움이 되는지 생각한다.
대안적인 생각하기	좋은 성적을 얻지 못했다는 것은 내가 바보라서가 아니라 시험공부를 열심히 하지 않았기 때문이라고 생각한다.

로 생각할 것이다'라는 건강하지 못한 생각이 지속적으로 든다면 위와 같이 체계적으로 생각을 해 보도록 지도합시다.

시험 불안이 커서 공부한 만큼 성적을 얻지 못하여 속상한 우리 아이들이 많습니다. 평소 공부하는 만큼 성적이 잘 나오지 않는다면 시험 불안이 큰 것 때문이 아닌지 찬찬히 잘 살펴보고 도와주어야 하겠습니다.

PART 4

예비 중학생이
꼭 챙겨야 할 사항

중학교 교육 과정은 초등학교의 교육 과정과 다른 점이 많습니다.
중학생이 되기 전에 미리 대비하면 좋은 활동들을
알아보고 지도하도록 합니다.

Chapter 1

어려워지는
중학교 교과 공부에
대비한다

초등학교 때는 교과 내용에 대한 문제가 시험에 출제되었다면 중학교 때부터는 심화된 내용을 알아야 풀 수 있는 문제가 많이 출제되지요. 특히 서술형 문제의 비중이 점점 더 높아지고 배점이 높기 때문에 내용을 정확하게 알고 있어야 하고 서술형 답안에서 요구하는 어휘를 구사하여 답안을 작성하는 연습이 필요합니다.

66 6학년 지현이는 중학교 생활에 대비하기 위해서 방학 동안 공부를 열심히 하자고 결심했습니다. 중학교에 다니는 언니, 오빠들의 이야기를 들어 보니 중학교에 가면 여러 부분에서 초등학교 때와 많이 다르고 교과 내용이 훨씬 어려워진다고 합니다. 그래서 더욱 더 열심히 공부해야겠다는 생각이 든 것이지요. 중학교는 초등학교와 어떤 것이 달라지고 얼마나 어려워지는 것일까요? 길지 않은 방학 동안 어떤 것에 중점적으로 대비하면 좋을까요? 99

초등학교 6학년 겨울 방학은 어려워지는 중학교 과정에 대비해야 하는 중요한 방학입니다. 지금까지 배운 내용에서 이해가 부족한 부분을 보충하고 앞으로 다가올 교과 과정에 착실하게 대비해야 합니다. 그러기 위해서는 중학교 과정에 대한 이해와 자신의 상황에 맞는 대비를 하는 것이 중요하지요. 초등학교 6학년 겨울 방학을 잘 보내면 지금까지 공부가 조금 부족해서 뒤처졌다 하더라도 중학생이 되어 얼마든지 역전시킬 수가 있습니다.

중학교 과정은 공부의 질이 중요해지는 시기입니다. 초등학교 때는 교과 내용에 대해 잘 이해하고 있으면 풀 수 있는 문제가 시험에 주로 출제되었다면 중학교 때부터는 심화된 내용을 알고 있어야 풀 수 있는 문제가 많이 출제되지요. 특히 서술형 문제의 비중이 점점 더 커지고 배점이 높기 때문에 내용을 정확하게 알고 있어야 하고 서술형 답안에서 요구하는 어휘를 구사하여 답안을 작성하는 연습이 필요합니다. 물론 초등학교 시험에도 서술형 문제의 비중이 점점 높아지고 있으니 초등학생 때부터 충실하게 연습해야 하지요.

중학교 과정에서 특히 신경 써야 할 것은 '수행 평가'입니다. 대부분의 교과에서 수행 평가가 이루어지고 학교에 따라 조금씩 다르기는 하지만 내신 성적에 반영되는 배점도 꽤 높습니다. 지필 고사를 잘 보더라도 수행 평가에서 좋은 점수를 받지 못하면 전체 성적에 큰 영향을 미칩니다. 특히 남학생들은 학교 프린트물 따위를 신경 써서 챙기지 못해서 전체 성적이 크게 낮아지는 경우가 있어 부모들의 걱정이 많지요. 인터넷에 떠도는 리포트 등을 베끼게 되면 선생님들이 바로 알아채기 때문에 좋은 점수를 받지 못합니다. 수행 평가 과제물은 자신의 능력으로 최선을 다해서 해야 하고 수업 태도를 바르게 하는 것은 기본적인 사항이지요. 예체능의 경우 다른 교과에 비해 수행 평가 성적의 반영 비율이 훨씬 높습니다. 악기를 직접 다루거나 가창, 그림, 만들기, 농구, 달리기 등 여러 수행 평가를 하게 되지요. 못하더라도 자신감 없이 임하기보다는 최선을 다해 노력하는 모습을 보이면 태도에서 좋은 점수를 받을 수 있습니다.

교과별 중학교 과정 대비하기

① 국어 교과

국어 교과를 공부할 때는 갈래_{장르}에 대한 이해를 해 두어야 합니다. 시, 소설, 설명문 등 각 갈래에 대한 기본적인 이해를 바탕으로 텍스트만 보더라도 이것이 어느 갈래에 속하는 것인지 알 수 있도록 공부해 두어야 하는 것이지요. 글의 장르를 잘 알고 있으면 문제를 풀 때 단서가 되어 많은 도움이 됩니다. 중학교 1학년 교과서를 구해 읽어 보면서 모르는 어휘가 나오면 사전을 찾아 뜻을 확인하고 생활에서 그 어휘를 활용해 보는 연습이 필요하겠습니다. 초등학생 때와 달리 생소한 어휘가 많이 등장하므로 모르는 어휘가 나오면 꼼꼼히 공부하는 것이 중요하고 '사자성어'에 익숙해지는 것 또한 도움이 됩니다.

② 수학 교과

수학 교과는 수학 익힘책을 풀어 보는 것이 도움이 됩니다. 공식이 많아지기 때문에 공식을 외우고 공식을 활용하는 연습이 필요합니다. 수학은 실수를 줄이는 것이 중요하므로 문제를 풀 때 단서에 표시하고 검산하는 연습을 충분히 해야 합니다. 또한 틀린 문제에 대해 오답 노트와 계산 노트'Part2의 Chapter 1 수학, 계산 노트를 작성한다' 참고를 습관화해서 왜 틀렸는가를 확인하고 개념과 풀이 과정을 꼼꼼히 공부하는 것이 중요합니다. 중학교 과정부터는 심화 문제가 많기 때문에 해설을 보고 풀이 과정을 이해하면서 스스로 문제를 해결해 나가는 연습을 하는 것이 필수적인 과정이지요.

③ 사회 교과

사회 교과는 내용을 이해하는 것에서 끝나면 안 되고 지도와 그래프에 익숙해지는 것이 매우 중요합니다. 내용은 다 암기했는데 지도와 그래프를 소홀히 보아서 시험에서 낭패를 보는 경우가 참으로 많으니까요. 예를 들어 나라 이름만 알고 그 나라의 위치를 모른다면 풀 수 없는 문제들이 나오는 것이지요. 나라와 도시들을 지구본에서 찾아보거나 지도를 펼쳐 놓고 위치를 확인하는 식으로 공부하는 것이 필요합니다.

④ 과학 교과

과학 교과는 개념 정리를 하면서 교과서에 나오는 실험 탐구를 꼼꼼히 이해해야 합니다. 과학 교과의 내신 문제에는 실험에 대한 문제가 반드시 나오지요. 개념 부분은 내용이 그리 많지 않고 실험 탐구 부분의 비중이 높은 것이 과학 교과인데 대부분의 학생들이 실험 탐구 부분을 소홀히 공부하여 시험에서 낭패를 보는 경우가 많습니다. 이런 경우는 대부분 학교에서 수업을 잘 듣지 않고 교과서 공부를 충실하게 하는 데 필요한 자습서를 갖추어 놓지 않아서 정확하게 공부를 못하는 것이지요. 교과 공부를 꼼꼼하게 하는 데 도움이 되는 자습서를 구비해 놓고 교과서에 나오는 부분은 빠짐없이 공부할 수 있도록 해야겠습니다.

Chapter 2

역사 교육 과정을 위해 유적 답사를 한다

우리 가족의 조상들은 어떻게 살아왔는지 자녀에게 들려주는 것에서부터 역사 이야기를 시작할 수 있습니다. 역사를 배우는 이유는 한국인이라는 자기 인식과 주체 의식을 정립해 나가기 위한 것이지만 가정에서는 처음부터 너무 거창한 내용을 이야기하기보다는 아이들의 흥미를 유발할 수 있는 쉬운 이야기부터 시작하는 것이 좋습니다.

유미는 부모님을 따라 창덕궁에 왔습니다. 창덕궁 문화 해설사를 따라다니며 경복궁이 임진왜란에 불탄 후 창덕궁이 조선 왕조의 정궁正宮 역할을 했다는 이야기, 창덕궁의 정전正殿인 인정전이 경복궁에 있는 근정전과 쌍둥이 건물이라는 이야기, 창덕궁 대조전 뒤에 심어진 매화나무가 500여 년을 살고 있다는 이야기, 뒤편 연못 일대가 정조 때 설치된 규장각이 있었던 자리라는 이야기를 들었습니다. 유미는 자기가 밟고 있는 자리가 곧 역사적인 자리라는 것을 알게 되었으며 자신이 그 옛날 궁궐에 있는 사람이라는 상상을 해 봅니다.

우리 주위에는 곳곳에 선조들의 자취를 찾아볼 수 있는 곳이 많이 있습니다. 그런데 역사 교과가 축소되면서 우리 역사에 대해 관심을 가지는 아이들이 그리 많지 않은 것이 현실입니다. 우리 역사에 대해서 무관심한 아이들은 역사 유적지를 지날 때도 그저 '저런 곳이 있나 보다' 하고 가볍게 지나치곤 하겠지요. 부모의 무관심도 아이들이 우리 역사에 관심을 덜 갖는 데 영향을 미치고 있을 것입니다. 아이들이 우리 역사에 관심을 갖기 위해서는 부모의 역할이 매우 중요합니다.

우선, 우리 가족의 조상들은 어떻게 살아왔는지 자녀에게 들려주는 것에서부터 역사 이야기를 시작할 수 있습니다. 역사를 배우는 이유는 한국인이라는 자기 인식과 주체 의식을 정립해 나가기 위한 것이지만 가정에서는 처음부터 너무 거창한 내용을 이야기하기보다는 아이들의 흥미를 유발할 수 있는 쉬운 이야기부터 시작하는 것이 좋습니다. 위대한 인물들과 영웅들에 관한 이야기나 텔레비전 사극의 내용에 관한 이야기도 효과적입니다. 위대한 인물들의 이야기나 사극의 내용은 반드시 특정한 '공간' 안에서 이루어집니다. 그 '공간'은 한 시대의 역사에서 존재했던 공간이지만 현재도 남아 있을 수 있는 공간, 바로 유적지입니다. 우리가 유적지에 가는 이유는 옛 위인이 살았거나 역사적인 사건이 일어났던 장소를 찾아 위인들이나 역사적인 사건들을 직접 느껴 보기 위한 것이지요. 위인 이야기나 텔레비전 사극에서 보고 들었던 것을 실제 현장을 찾아 하나하나 확인하는 작업을 통해 역사에 더 큰 흥미를 느낄 수 있게 됩니다. 오늘날 남아 있는 유적지들을 찾아서 예전의 모습을 상상해 보고 그곳이 어떻게 변해서 현재까지 이어져 왔는지를 알아보는 것은 책 속에서 배운 역사가 살아 있는 역사로 변하는 과정이지요.

가까운 유적지 찾아가기

가장 대표적인 유적지나 찾아가기 쉬운 가까운 유적지 방문부터 시작해 봅시다. 예를 들어 창덕궁을 관람한다면 '왕과 왕비는 어디서 살았을까?' '신하들은 어디에서 일했을까?' '궁녀들은 어디에서 일했을까?' 등 자녀와 서로 질문하면서 답을 찾아보는 활동을 통해 소소한 기쁨을 느낄 수 있습니다. 창덕궁과 같은 주요 유적지에는 문화 유적 해설사들이 곳곳에 배치되어 있습니다. 유적에 대해서 설명 듣기를 원하면 언제든지 간단한 신청을 통해 그 유적지에 대한 역사적인 배경지식을 들을 수 있습니다. 또한 각 관공서의 문화 센터 같은 곳에서도 아이들의 문화 유적 탐방과 같은 프로그램들이 많습니다. 동네 가까운 곳에 어떤 유적이 있는지 살펴보는 것으로 유적지 탐방을 시작하고 동네 가까운 곳에 유적지가 없다면 지하철 등 교통 시설과 연계된 곳을 찾아봅시다.

지하철과 연계된 유적지

호선	역명	유적지	
지하철 2 · 4호선	동대문 역사 공원역	동대문 역사 공원	서울 성벽과 수문
지하철 2호선	선릉역	선 · 정릉	조선 국왕 · 왕비 묘소
지하철 5호선	올림픽 공원역	몽촌 토성	백제 초기 수도 성벽

역사 위인과 관련된 유적지 찾기

인물	장소
이이	파주 자운 서원
이황	도산 서원
이순신	아산 현충사, 남해 한산도
강감찬	서울 낙성대
김유신	경주 김유신 묘

Chapter 3

중학교 입학 전,
4학년 수학부터
점검한다

배치 고사는 중학교에 올라갈 때 처음으로 치르게 되는 시험인데 반 배정을 위해 치르는 시험으로 초등학교 과정을 어떻게 공부해 왔는지를 평가하는 것입니다. 대부분 6학년 과정의 내용이 출제되기는 하지만 학교에 따라 시험 보는 교과와 범위가 다릅니다. 학교가 결정된 후에 그 학교의 배치 고사 교과와 범위 등을 꼭 확인해야 합니다.

6학년 주영이는 겨울 방학을 맞아 부족한 공부를 보충하기로 했습니다. 기초가 가장 중요하다는 선생님의 말씀을 들었지요. 주영이가 가장 걱정되는 것은 중학교에 올라갈 때 배치 고사를 보게 된다는 것입니다. 배치 고사는 중학교 올라가면서 처음으로 보는 시험이기 때문에 중요하다는 이야기를 들었습니다. 6학년 겨울 방학, 어떤 부분을 체크하고 부족한 공부를 어떻게 보충해야 할까, 배치 고사 준비는 어떻게 하는 것이 좋을까, 주영이는 짧은 겨울 방학을 어떻게 활용해야 좋을지 곰곰이 생각하기 시작합니다.

6학년 겨울 방학이 되면 고민에 빠지기 쉬운 것이 부족한 공부를 보완하는 것에 치중하느냐, 중학교 과정을 선행 학습하는 것에 치중하느냐입니다. 6학년 겨울 방학이라는 그리 길지 않은 기간 동안 복습과 선행 학습 두 가지 모두를 해야 하기 때문에 학습 계획을 어떻게 세울까에 대한 고민이 시작되는 것이지요. 초등학교 때는 학교 성적이 그리 나쁘게 나오지 않는 경우가 많기 때문에 초등학교 과정에서 배운 것을 보충하는 일을 소홀히 하고 선행 학습에만 집중하곤 합니다. 하지만 앞서 배운 과정에 대한 보충 없이 선행 학습을 하는 것은 밑 빠진 독에 물 붓기와 같은 것이지요. 특히 국어와 수학은 초등학교 과정에 대한 점검이 꼭 필요한 교과입니다.

국어 점검하기

국어는 6학년 수준의 어휘를 잘 활용하고 정의 내릴 수 있는가를 살펴봅니다. 어휘는 모든 공부의 기초가 되기 때문에 뉘앙스만 알고 정확한 뜻을 모르는 경우 중학교 과정의 심화된 텍스트와 문제에 적응하기 힘들어질 수 있습니다. 그러므로 6학년 수준의 어휘와 관용어구, 한자 성어 등을 꼭 익혀 두는 것이 필요합니다. 사전 찾기를 생활화하고 어휘와 관용어구, 한자 성어 등을 사용하여 글짓기를 하거나 대화를 할 때 사용해 보는 연습도 도움이 되지요. 어려운 어휘일수록 사용 빈도를 높이는 것이 좋습니다. 또 읽기, 쓰기, 말하기, 듣기의 수행 수준을 살펴보아야 합니다. 갈래에 맞게 텍스트를 정확하게 이해하고 중요 단어를 사용하여 요약할 수 있으며 읽은 내용에 대해 토론할 수 있는지 잘 살펴보고 부족한 부분에 대해서는 보충을 해야 합니다. 교과서는 그 시기에 습득해야 할 모든 과정이 포함되어 있지요. 그러므로 6학년 교과서의 텍스트를 요약하는 것, 교과서에 나온 문제를 풀어 보는 것, 자신의 의견과 주장을 포함하여 글쓰기를 해 보는 것도 큰 도움이 됩니다.

수학 점검하기

수학은 모든 개념을 확실하게 이해하고 있는지를 확인해 보아야 합니다. 수학을 공부할 때 이미 시험 본 앞 단원의 개념을 다시 공부하지 않고 지나가는 경우가 많지요. 방학을 이용해서 4학년 정도부터의 수학 익힘책을 다시 풀어 보고 어려운 개념이나 이해되지 않았던 부분을 확실하게 정리하고 넘어가는 것이 좋습니다. 수학 익힘책은 익혀야 할 수학 개념을 확인할 수 있는 문제들이 모두 나와 있고 빠른 시간 안에 전 과정을 훑어볼 수 있는 책이므로 기초를 다지는 데 큰 도움이 됩니다.

배치 고사 준비하기

배치 고사는 중학교에 올라갈 때 처음으로 치르게 되는 시험인데 반 배정을 위해 치르는 시험으로 초등학교 과정을 어떻게 공부해 왔는지를 평가하는 것입니다. 대부분 6학년 과정의 내용이 출제되기는 하지만 학교에 따라 시험 보는 교과와 범위가 다릅니다. '국어, 영어, 수학'을 보거나 '국어, 수학, 사회, 과학, 영어' 모두 보는 경우도 있지요. 학교가 결정된 후에 그 학교의 배치 고사 교과와 범위 등을 꼭 확인해야 합니다. 또 배치 고사 결과가 방과 후 수업 등 다른 용도에 반영이 되는지도 확인해 보아야 하겠습니다.

배치 고사 준비를 할 때 국어와 수학은 앞에서 언급한 보충 학습으로 준비하고 배치 고사 대비 문제집을 풀어 보는 것도 필요합니다. 사회는 내용을 꼼꼼히 읽고 이해한 후 반드시 암기가 필요한 부분을 체크한 다음 암기하고 과학은 개념과 관련된 실험을 살펴보고 정리해 두는 것이 도움이 됩니다. 또한 초등학교에서는 학교 영어 교과나 영어 성적을 중요하게 생각하지 않지만 배치 고사에서는 영어 시험을 보는 경우가 많습니다. 따라서 초등학교 영어 교과서의 내용을 암기해 두는 것이 도움이 됩니다. 문제집을 활용해서 공부하는 경우 문제 풀이에만 집중하지 말고 요점 정리된 부분을 꼼꼼하게 읽어 보고 나서 문제를 푸는 것이 중요합니다. 틀린 문제는 반드시 내용을 다시 읽어 보고 이해한 다음 다시 풀어 보는 것이 필요하지요. 배치 고사는 내신에 포함되지 않지만 학교 선생님들에게 중요한 정보로 사

배치 고사 대비 계획

교과	방법
국어	• 배치 고사 대비 문제집 : 매일 세 장씩 풀기 • 모르는 어휘 정리
수학	• 6학년 수학 익힘책 : 매일 네 장씩 풀기 • 배치 고사 대비 문제집 : 매일 세 장씩 풀기
영어	• 영어 교과서 문장 및 단어 암기 : 이틀에 한 단원 완료 목표 • 배치 고사 대비 문제집 : 매일 세 장씩 풀기
사회, 과학	• 6학년 교과서 : 매일 한 단원씩 꼼꼼하게 읽고 암기할 부분 정리하기 • 배치 고사 대비 문제집 : 매일 세 장씩 풀기

용되는 시험입니다. 부족한 공부를 보충하고 초등학교 과정을 성실하게 공부했다는 좋은 인상을 주기 위해 배치 고사를 꼼꼼하게 준비해야겠습니다.

Chapter 4

학원 수업과 스스로 공부하는 시간은 1:3으로 유지한다

공부에 부족한 부분이 있거나 현재 수준보다 더 심화된 수준의 공부를 하기 원할 때 우리 아이에게 꼭 필요하고 도움을 줄 수 있는 학원을 선택하고 학원에서 배운 공부를 잘 따라갈 수 있도록 도와주고 복습하는 습관을 기른다면 학원 교육은 우리 아이의 공부에 도움이 될 것입니다. 하지만 무작정 학원을 다닌다고 해서 성적이 오르지는 않으니 유념합시다.

경석이는 4학년이 되면서 전에 다니던 미술 학원과 피아노 학원 횟수를 줄이고 수학 학원과 논술 학원을 다니기 시작하였습니다. 영어 학원까지 합치면 학원만 다섯 군데를 다니고 있지만 다른 아이들도 그 정도는 다니니까 크게 불만이 없었지요. 그런데 매일 두세 군데씩 학원에 갔다 저녁 늦게 집에 돌아오면 피곤해서 학원에서 배운 내용을 복습하는 것은 생각도 못하고 간신히 학교 숙제와 학원 숙제만 할 수 있습니다. 경석이와 엄마는 고민 끝에 꼭 필요한 학원을 추려서 학원 가는 횟수를 줄이고 대신 집에서 공부할 시간을 더 많이 확보하기로 의견을 모읍니다.

요즘은 학원에 안 다니는 아이들을 찾는 것이 어려울 정도로 학원 교육이 대중화되었지요. 영어는 워낙 조기 교육을 시키는 터라 입학 전부터 학원에서 공부하는 아이들이 많지만 다른 교과들은 1~3학년 때까지는 대부분 엄마들이 공부를 보아주는 경우가 많습니다. 그런데 자녀가 4학년이 되는 시점에서 엄마들은 고민하기 시작하지요. 공부 내용이 어려워져서 아이들이 힘들어하고 직접 가르치려니 자꾸 아이와의 관계만 안 좋아지고 가끔은 내용이 어려워서 설명해 주기 힘들 때도 있습니다. 그래서 이대로 그냥 두면 성적이 더 나빠지지 않을까 하는 생각에 학원을 알아보는 부모들이 많아집니다. 그렇지만 학원은 비용이 부담스러운 데다가 우리 아이에게 어떤 학원이 적절한지, 또 생각한 만큼 우리 아이에게 도움이 될지 등 학원을 선택하는 데 어려움이 이만저만이 아닙니다.

스스로 공부할 수 있는 습관이 잡힌 아이들은 공부할 때 어렵거나 힘든 부분에 대해 도움을 요청할 줄 알고 스스로 해결하려고 노력할 줄도 알기 때문에 굳이 학원에 가지 않아도 됩니다. 또 아이가 공부를 어려워할 때 아이의 감정을 상하지 않게 하면서 어려움을 잘 해결할 수 있도록 방법을 제시해 줄 수 있는 부모라면 아이를 학원에 보내지 않아도 될 것입니다. 아무리 좋은 학원에 다닌다 해도 누구나 성적이 오르는 것이 아니고 어떤 아이에게는 도움이 되었어도 다른 아이에게는 별로 도움이 안되는 등 아이의 특성에 따라, 또 어떻게 공부했느냐에 따라 학원 교육의 효과는 다르지요. 그런데 아이의 부족한 공부를 부모가 도와줄 수 없거나 자녀가 스스로 해결해 나가는 힘이 약할 때는 학원의 도움을 받는 것이 필요합니다. 학원 교육의 장점은 학교와 달리 인원수가 적어 개개인의 학습 수준이나 특성을 파악해서 관리해 줄 수 있으며 어려워하는 부분을 집중적으로 반복하여 보충해 주기 때문에 학교 성적을 올리는 데 도움이 된다는 것입니다. 또한 또래 친구들과 함께 공부하면서 경쟁의식이 생기고 혼자 하기 힘든 공부를 즐겁게 할 수 있다는 것도 장점이라고 할 수 있지요. 그러나 무작정 학원을 다닌다고 해서 성적이 좋아지고 공부를 잘하게 되는 것은 아니기 때문에 학원을 보낼 때 체크해야 할 사항들이 있습니다.

학원을 보낼 때 체크해야 할 사항들

① 아이의 학습 수준에 맞는 학원을 선택해야 합니다.

주변 엄마들이 좋다고 하는 학원이라도 우리 아이에게 맞지 않을 수 있지요. 아이에게 당장 현 학년 과정의 결손을 보충하는 것이 필요한데 선행 학습을 중점적으로 하는 학원을 보내는 것은 아이가 공부를 더 어려워하게 만들 것이고 이미 심화 문제를 다룰 줄 아는 아이에게 같은 수준의 내용을 반복적으로 공부하게 하는 경우에는 아이의 공부에 대한 흥미를 떨어뜨릴 수 있습니다. 따라서 보내려고 하는 학원이 어느 과정을 중점적으로 다루는지 정확하게 파악하고 우리 아이에게 필요한 부분과 잘 맞는지를 판단해서 결정해야 합니다.

② 아이의 성격이나 학습 스타일에 맞는 학원을 선택해야 합니다.

경쟁심을 자극하면 더 잘할 수 있는 아이, 외향적인 성격을 가진 아이라면 다수의 아이들이 있는 학원에서 공부를 하는 것이 좋습니다. 반면에 세심하게 격려해 주고 인정해 줄 때 더 잘할 수 있고 여러 아이들과 함께하는 것을 힘들어하는 아이의 경우에는 소수 인원으로 운영하는 학원이나 공부방, 과외를 선택해야 합니다. 친구들과 어울리기를 좋아하고 분위기에 쉽게 휩쓸리는 아이의 경우에는 함께 공부하는 반 아이들의 특성을 파악해서 아이에게 긍정적인 영향을 줄 수 있는 친구들과 함께 공부할 수 있게 해 주는 것이 필요합니다.

③ 아이가 학원에서 배운 공부를 자기 것으로 만드는 시간을 확보하고 있는지를 체크 해야 합니다.

학원을 여러 군데 다니다 보면 정작 스스로 공부할 시간이 부족한 경우가 많습니다. 학원에만 의존하고 학원에서 배운 내용을 복습하지 않으면 학원을 다닌다 해도 성적이 오르지 않지요. 그러므로 스스로 공부할 수 있는 시간을 계획해서 배운 것을 복습할 수 있도록 해야 합니다. 복습을 하면서 새롭게 알게 된 내용을 정리하고 이해가 안되는 부분들은 다음번 수업 때 질문해서 해결하는 습관을 기르도록 도와주어야 합니다.

④ 아이의 동기 및 학습 상태를 주기적으로 체크하여야 합니다.

대부분의 엄마들은 학원을 선택할 때 오랜 시간 고민해서 자녀를 학원에 보내지만 일단 학원에 보내고 나면 안도감에 그저 믿고 맡기게 되지요. 즉, 학원에 보내는 동안 아이가 잘 따라가고 있는지, 학원에서 아이에게 적절한 도움을 주고 있는지에 대해 관심을 갖고 주기적으로 점검을 하지 않는 경우가 많습니다. 그러다가 시험 결과가 안 좋게 나오면 그제서야 그동안 뭘 배웠는지, 어떻게 하고 있었는지를 확인하고 마음에 들지 않으면 학원을 바꾸는 일이 생기지요. 이런 경험을 반복하게 되면 아이들은 마음에 들지 않거나 결과가 좋지 않으면 학원을 바꾸는 것으로 문제를 해결하는 방식을 배우게 됩니다. 처음 생각했던 것과 수업 방향이 다르고 아이에게 필요한 부분들이 잘 충족되지 않는다면 그런 부분에 대해 학원 선생님과 상담하고 필요한 것을 요청해서 수업에 반영되는지 지켜본 후에 문제를 해결하는 것이 좋습니다. 평소 우리 아이가 학원에 가는 것을 힘들어하지 않는지, 적절한 도움을 받고 있는지를 세심하게 살펴보고 미리미리 조율해 가는 과정이 필요하지요.

공부에 부족한 부분이 있거나 현재 수준보다 더 심화된 수준의 공부를 하기 원할 때 우리 아이에게 꼭 필요하고 도움을 줄 수 있는 학원을 선택하고 학원에서 배운 공부를 잘 따라갈 수 있도록 도와주고 복습하는 습관을 길러 주세요.

Chapter 5

학습된 무기력감에
빠지지 않도록
지도한다

결과가 아직 흡족하지 못할지라도 아이가 분명 조금이라도 발전하고 있는 부분이 있다면 의식적으로 그런 모습을 찾고 아이에게 표현해 주어야 합니다. 잘하고 있는 모습을 구체적으로 칭찬해 주어야 하지요. 아이들은 노력하고 있는 부분을 인정받고 응원해 주는 메시지를 듣고 나면 힘을 내려고 노력할 것입니다.

준이는 수학 공부를 하다가 문제를 어떻게 풀어야 할지 모르겠다며 문제집을 들고 나왔습니다. 준이 엄마가 문제를 훑어보니 며칠 전에 모르겠다고 해서 가르쳐 준 문제에서 숫자만 달라진 문제였지요.

"준이야, $\frac{5}{5}$는 1과 똑같다고 했었잖아. 그러니까……"

미처 설명이 끝나기도 전에 준이는 머리를 긁적이며 말합니다.

"아, 어떻게 하는지 이제 알겠다!"

준이는 늘 이렇습니다. 단순한 문제는 쉽게 풀지만 문제가 길어지거나 응용해서 풀어야 하는 문제는 대번에 모르겠다며 포기하거나 도와 달라고 하지요. 조금만 생각하면 풀 수 있는데 그걸 참지 못하니 어떻게 하면 좋을까요?

우리 아이들 중에는 흥미나 호기심이 강해서 시작은 잘하지만 끝까지 하지 못하고 중간에 포기하는 아이들이 있는 반면, 한번 시작한 일은 완성을 해야만 직성이 풀려 끝까지 매달리는 아이들이 있습니다. 공부를 잘하기 위해서는 하기 싫은 것과 어려운 것을 참고 포기하지 않으며 끝까지 해 보려는 인내심이 필요하지요. 이런 인내심을 '과제 인내력'이라고 합니다. 과제 인내력이 있는 아이들은 공부를 하다가 풀리지 않는 어려운 문제와 마주치게 되어도 결코 쉽게 포기하지 않습니다. 문제를 해결하려고 부단히 노력하며 문제가 해결될 때까지 여러 가지 문제 해결 방법을 시도할 줄 알지요. 과제에 집착해서 포기하지 않고 하다 보니 스스로 해결하는 힘이 길러지고 성취감을 맛보게 되면서 오히려 조금 더 어려운 것에 도전하게 됩니다.

좋지 않은 결과를 반복적으로 경험하고 노력했지만 원하는 만큼의 결과를 얻지 못한 아이들은 '나는 할 수 없어'라는 무기력감에 빠집니다. '학습된 무기력감'에 빠지는 것이지요. 이렇게 되면 과제에 대한 인내력이 매우 낮아지기 때문에 아이들은 조금만 어려워도 자신 없어 하며 쉽게 포기하고 맙니다. 아이들이 학습된 무기력감에 빠지는 데는 몇 가지 원인이 있습니다. 첫째, 아이가 할 수 있는 수준 이상의 과제를 반복적으로 하게 될 때 아이들은 무기력한 상태에 빠지게 됩니다. 어떻게 풀어야 할지 도무지 알 수 없는 문제를 풀도록 하면서 아이가 포기했을 때 인내심이 없다고 이야기할 수는 없지요. 둘째, 아이가 같은 실수나 잘못을 반복했을 때 '몇 번을 가르쳐 주었는데 아직도 틀리니?' '넌 도무지 어떻게 가르쳐 주어야 할지 모르겠다' 등 아이의 능력에 대해 지나치게 비난하면 아이들은 무기력감에 빠지게 됩니다. 셋째, 결과만을 중요시한 나머지 아이가 노력하고 있는 과정을 인정해 주지 않는다면 아이는 스스로가 나아지고 있다는 느낌을 받지 못하고 노력해도 안 될 것이라는 생각에 무기력해지게 됩니다. 이러한 무기력을 반복적으로 경험하게 되면 아이들은 새로운 것을 배우려 시도하지 않을 뿐더러 시도해도 오래 버티지 못하고 곧 포기하고 말지요.

학습된 무기력감에 빠지지 않고 과제에 대한 인내력을 기를 수 있도록 돕는 방법

① 아이에게 적합한 수준의 학습 과제 제시하기

할 수 있다는 생각이 들어야 해 볼 마음과 용기가 생깁니다. 아이가 해낼 수 있는 수준의 과제를 하면서 성취감을 경험하는 것은 다른 과제를 해결할 때 큰 힘이 되지요. 과제가 아이에게 적절한 것인지 민감하게 살펴보고 천천히 한 단계씩 올라설 수 있도록 도와주어야 합니다.

② 즐거운 과제부터 시작하거나 과제를 즐겁게 만들어 주기

자신이 좋아하고 즐거워하는 과제를 하다 보면 생각처럼 잘되지 않아도 과제에 집착해서 몰두하는 힘이 생깁니다. 과제를 해결하려는 인내심이 생기게 되지요. 그러다 보면 배우는 것에 대한 즐거움을 알게 되어 처음에는 흥미로운 일이 아니어도 과제를 시도하려는 마음을 갖게 될 것입니다. 즐거운 것이 아니라면 즐거운 활동이 되게끔 만들어 주는 것도 필요하지요.

③ 시작 전에 정해진 시간 동안 성실히 수행하기를 약속하고 시작하기

한자리에 앉아서 공부하기를 시도한다면 적어도 20분간은 앉아 있기의 약속을 정한다거나 새로운 것을 배울 때 적어도 6개월은 다니기로 약속을 하고 시작하는 것이 좋습니다. 처음엔 하고 싶어서, 좋아서 시작한 일도 힘든 고비가 오기 마련이고 그 고비를 넘기면 다시 쉬워지는 단계가 오고 그러면서 잘할 수 있게 되지요. 아이가 힘들어하는 순간에 그 위기를 잘 견디고 넘어갈 수 있도록 격려하고 다독여 주어야 합니다. 아이가 어려워한다고 해서 그만두게 하면 결코 노력과 인내의 가치를 배울 수 없습니다. 다른 일을 할 때 마음에 들지 않거나 어려워지면 쉽사리 그만두는 습관이 생기게 됩니다. 적어도 처음 약속한 시간만큼은 지킬 수 있도록 부모가 응원해 주는 것이 필요합니다.

④ 아이에게 할 수 있다는 자신감을 지속적으로 심어 주기

지금은 잘하지 못하지만 꾸준히 노력한다면 분명 잘할 수 있을 거라는 사실을 부모가 믿고 있다는 믿음과 확신을 전달합시다. 부모는 아이가 발전하고 있는 점을 보려고 노력해야 합니다. 못하는 것, 잘 안되는 것만을 보고 있으면 발전하고 있는 것들은 잘 보이지 않습니다. 결과가 아직 흡족하지 못할지라도 아이가 분명 조금이라도 발전하고 있는 부분이 있다면 의식적으로 그런 모습을 찾고 아이에게 표현해 주어야 합니다. '지난번보다 문제 해결을 잘하네' '예전보다 공부하는 자세가 많이 좋아졌네. 노력 많이 하고 있구나' 등 잘하고 있는 모습을 구체적으로 칭찬해 주어야 하지요. 아이들은 하기 힘들고 어렵지만 노력하고 있는 부분을 인정받고 분명 나아질 거라고 응원해 주는 메시지를 듣고 나면 포기하기보다는 한 번 더 힘을 내려고 노력할 것입니다.

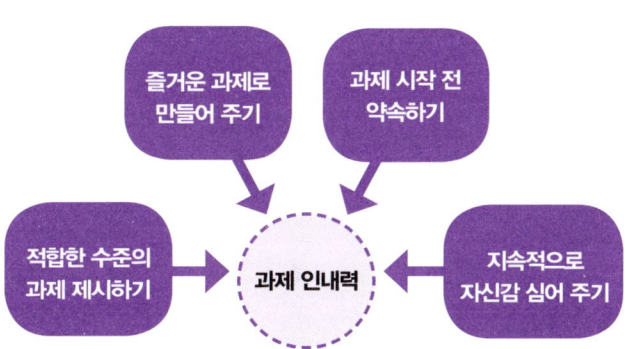

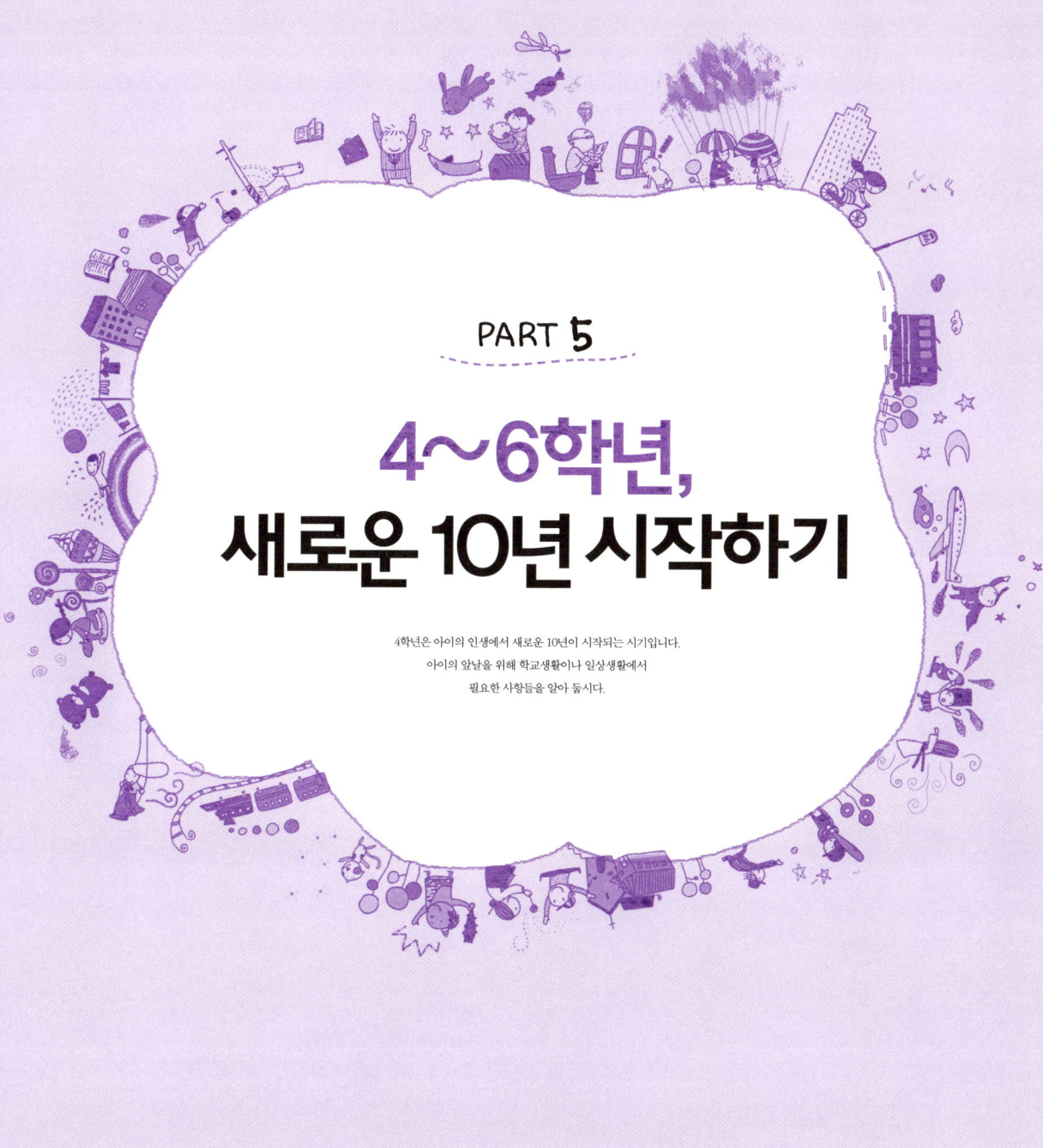

PART **5**

4~6학년,
새로운 10년 시작하기

4학년은 아이의 인생에서 새로운 10년이 시작되는 시기입니다.
아이의 앞날을 위해 학교생활이나 일상생활에서
필요한 사항들을 알아 둡시다.

Chapter 1

새로운 10년의 시작,
인생 곡선을 그려본다

아이에게 '잘하는 것, 좋아하는 것'의 목록을 열 개 이상 적어 보도록 합시다. 아이가 목록을 적을
때 '그게 잘하는 거니?'라는 식으로 평가를 내리고 핀잔을 주어서는 안 됩니다. 아이가 생각해 내기
를 힘들어할 때에는 '엄마가 생각하기에는 …를 잘하더라'라는 긍정적인 메시지를 주도록 합니다.
이런 메세지는 아이의 마음을 안심시켜 줍니다.

주영이는 어릴 때 되고 싶은 것이 너무 많아 고민이었지요. 요리사도 되고 싶고, 선생님도 되고 싶고, 만화가도 되고 싶고⋯⋯ 그런데 요즘은 '너는 어떤 사람이 되고 싶니?' '장래 희망이 뭐니?' 라고 다른 사람들이 물어보면 잘 모르겠다고 대답합니다. 친구들에 비해 그림을 더 잘 그리는 것도 아니고 성적도 별로고 뜨거운 가스 불에 요리하는 것도 무섭기만 한 자신을 돌아보니 도무지 잘하는 게 없다는 생각이 들어서 주영이는 커서 무엇이 될 수 있을지 요즘 걱정이 많습니다.

 '꿈이 뭐니?'라는 질문에 서슴지 않고 씩씩하게 대답하던 아이들도 4학년쯤 되면 선뜻 대답을 하지 못하는 경우가 많습니다. 1~3학년 때는 그저 좋아 보이고 멋있어 보이는 것이 있으면 그것이 꿈이 되기도 하지만 4~6학년이 되면서 아이들은 꿈을 가질 때 자신의 능력이나 재능, 적성을 고려해야 한다는 것을 어렴풋이 알아 가기 시작하기 때문이지요. 아이들은 자신의 수행에 대해 객관적으로 평가받기 시작하면서 자신에 대한 자아 존중감 및 자아 효능감을 형성하기 시작합니다. '그래. 나는 운동만큼은 누구보다 잘해' '난 창의력이 뛰어나지' '난 공부에는 소질이 없는 아이야' 등 잘하는 것과 잘하지 못하는 것으로 스스로를 평가하고 구분짓기 시작하면서 어릴 때 품어 왔던 꿈들을 하나씩 지워 가지요.

아이의 꿈을 존중해 주고 그 꿈을 함께 키워 갈 수 있도록 해 주는 분위기 속에서 자란 아이들은 꿈이 바뀌기도 하고 조정이 되기도 하지만 아예 꿈을 잃는 일은 없습니다. 그런데 아이의 꿈에 대해 현실적인 가능성부터 타진하고 부모가 가치 있게 생각하는 일을 자녀도 함께 꿈꾸기를 강요하는 분위기 속에서 자란 아이들은 꿈을 잃는 경우가 많지요. 자신이 진정으로 원하는 것을 꿈꾸어야 동기도 생기고 행복한 삶을 살 수 있는 것이지 부모가 원하는 대로 되기 위해 노력해야 한다면 그 노력은 오래가지도 않을 뿐더러 그 꿈을 이룬다고 해도 행복한 삶을 산다고 할 수 없습니다. 아이들에게 있어서 꿈이란 어떤 것이든 시작해 볼 수 있도록 만들어 주는 원동력입니다. 그런데 아이들이 꿈을 갖도록 하는 것, 그 꿈을 키워 가도록 하는 것 그리고 그 꿈을 이루기 위해 노력하게 하는 것은 쉽지 않은 일이지요. 그러다 보니 부모의 마음은 불안하고 조급해지기도 하면서 고민에 빠지게 됩니다. 부모들이 힘들어하는 고민과 그 해결점들을 정리해 보면 다음과 같습니다.

고민 유형 1 : 우리 아이는 꿈이 없어요

꿈이 없는 아이들은 자신이 무엇을 좋아하는지, 무엇을 잘하는지에 대해 잘 모르고 있지요. 또한 잘할 수 있을지에 대한 자신감이 부족하기 때문에 꿈이 없기도 합니다. 자녀에게 꿈을 가지라고 강요하거나 서둘러 꿈을 가지도록 해서는 안 됩니다.

그릇된 조언

"넌 꿈도 없니? 되고 싶은 게 그렇게 없어?"

"꿈을 가져야 잘할 수 있지. 빨리 꿈을 찾아봐."

적절한 조언 1

아이에게 '잘하는 것, 좋아하는 것'의 목록을 열 개 이상 적어 보게 합시다. 아이가 목록을 적을 때 '그게 잘하는 거니?'라는 식으로 평가를 내리고 핀잔을 주어서는 안 됩니다. 아이가 생각해 내기를 힘들어할 때에는 '엄마가 생각하기에는 …을/를 잘하더라'라는 긍정적인 메시지를 주도록 합니다. '앞으로 많은 일을 경험하고 느끼고 생각하다 보면 좋아하는 일을 찾게 될 거야'라고 말해 주면서 자녀의 마음을 안심시켜 주는 것이 필요합니다.

적절한 조언 2

아이가 배우고 싶고 해 보고 싶은 것들을 마음껏 적어 보도록 합시다. 그리고 그것들 중에서 직접 경험해 볼 수 있는 것들을 체험할 수 있는 기회를 제공해 주도록 해야겠습니다. 배우고 싶고 해 보고 싶은 일들을 경험하면서 아이들은 자신들의 재능과 흥미를 발견해 낼 수 있을 것입니다.

고민 유형 2 : 아이가 꿈은 있지만 그 일에 재능이 없는 것 같아요

그릇된 조언

"너 별로 소질이 있는 것 같지 않구나. 그것 말고 다른 꿈을 생각해 보는 게 어떻겠니?"

적절한 조언

"천재는 노력하는 자를 못 따라가고 노력하는 자는 즐기는 자를 못 따라간다는 말도 있잖니. 또 즐기는 자는 꾸준히 하는 자를 못 따라간다더라. 네가 그렇게 좋아하는 일이니까 열심히 해 보렴. 누구보다 그 일을 잘할 수 있을 거야."

타고난 재능을 일찍부터 발견해서 성공하는 사람들도 있지만 현재 재능이 보이지 않는다고 그 일을 잘하지 못하리란 법은 없습니다. 어떠한 일이든 일정 수준에 이르게 되면 재능보다 성취에 대한 열정과 노력이 더 중요하지요. 아이가 흥미를 가지고 있는 활동을 마음껏 할 수 있도록 지도해야겠습니다.

고민 유형 3 : 아이가 꿈이 있어도 노력을 하지 않아요

그릇된 조언

"공부도 열심히 안 하고 신문이나 뉴스에도 별로 관심이 없으면서 아나운서가 될 수 있겠어?"

적절한 조언

"지금은 네가 너의 꿈과 미래를 준비하는 과정에 있는 거란다. 그 꿈을 위해서 지금 네가 할 수 있는 일에는 어떤 것들이 있을지 생각해 보자."

직업 탐색을 통해 꿈꾸는 일을 하기 위해 진학해야 할 학과는 어디인지, 어떤 공부를 배우게 되는지에 대해서 함께 알아보도록 합시다. 그리고 지금 하고 있는 공부와 꿈의 연결 고리를 찾을 수 있도록 도와주어야 합니다.

Chapter 2

숙제와 자료 찾기는 이제 스스로 해야 할 때다

1~3학년 때부터 과제에 대해 아이와 함께 생각해 본 다음 책이나 사전, 신문, 인터넷 등을 함께 찾아보면서 숙제를 해결하는 습관을 길러야 합니다. 이런 활동을 함으로써 4~6학년이 되었을 때 다양한 경로를 통해 스스로 필요한 자료를 얻고 숙제를 혼자서도 해결할 수 있을 것입니다. 4학년쯤 되면 자료 조사 과제가 많으므로 미리 대비합니다.

나연이는 아까부터 사회 숙제를 해야 한다며 컴퓨터 앞에 앉아 있습니다. 두 시간 남짓 숙제를 하고 있는 것 같아 걱정되어 엄마가 가 보니 각 도읍지의 문화재를 조사하고 있는데 그림까지 삽입해 가며 근사한 보고서를 만들어 놓은 것이 아니겠어요? 방과 후 특기 적성으로 파워 포인트를 배운 것도 한몫을 했지만 지난번 방학 숙제를 할 때 자료 찾는 방법을 알려 준 것이 도움이 많이 된 것 같습니다. 엄마는 교과서와 백과사전, 사회 탐구, 학교 프린트, 동화책을 펼쳐 놓고 필요한 정보를 열심히 찾고 있는 나연이가 정말 기특하다 생각하고 흐뭇한 미소를 짓습니다.

1~3학년 때까지는 부모가 숙제를 도와주는 경우가 많습니다. 오죽하면 '애들 숙제가 아니라 엄마 숙제다'라는 말이 있을까요. 그런데 이 말을 곰곰이 생각해 보면 맞는 말이긴 한데 생각하는 방향이 조금 다릅니다. 부모들은 아이들이 숙제를 혼자서 할 수 없으니 도와준다 생각하지만 하다 보면 시간에 쫓겨서 결국 부모가 다 해 주곤 하지요. 엄마 숙제가 맞긴 맞는데 그 숙제는 아이를 도와주라는 숙제지 대신 해 주라는 의미에서 엄마 숙제는 아닙니다. 만약 '좋아하는 동식물 사진 가져오기' 숙제를 할 때 엄마가 알아서 자신이 좋아하는 동식물의 사진이나 대충 그림을 찾아 주는 식으로 해결해 주었다면 아이는 수학 교과서 등 문제 풀기는 내가 하는 숙제이고 자료 찾아가는 숙제는 엄마 숙제로 인식을 하게 되지요. 또한 필요한 자료를 찾는 법을 배울 기회를 얻지 못해 다음에도 그런 숙제가 있다면 스스로 해결하기 힘듭니다. 1~3학년 때부터 아이가 어떤 동식물을 좋아하는지, 어떤 사진을 가져가고 싶은지를 이야기 나누고 그런 동식물 사진을 어

디에서 구할 수 있는지를 함께 생각해 본 다음 집에 있는 책이나 사전, 신문, 인터넷 등을 함께 찾아보면서 숙제를 해결하는 습관을 길러야 합니다. 그래야 4~6학년이 되었을 때 다양한 경로를 통해 스스로 필요한 자료를 얻고 숙제를 혼자서 해결할 수 있을 것입니다.

4학년쯤 되면 숙제의 양이 많아지고 다양해져서 자료를 찾거나 조사하는 숙제가 많아지게 됩니다. 혼자서 숙제를 해 가는 습관이 잡힌 아이더라도 조사하기 숙제는 혼자서 해결하기 쉽지 않지요. 실제로 많은 아이들이 조사 숙제를 할 때 인터넷에서 찾은 자료 내용을 제대로 읽어 보지도 않고 그대로 복사해서 숙제를 해 갑니다. 옮겨 적기조차 귀찮아서 여기저기서 따다 붙인 내용을 그대로 출력해 가는 일도 흔한 일이지요. 숙제를 해 가는 의미가 전혀 없고 학습 효과도 없는 일입니다. 중학교부터는 수행 평가라는 것이 있어서 자료를 찾아 숙제를 해야 하는 일이 더 많아지므로 지금부터라도 숙제에 필요한 자료를 찾고 알맞게 정리하는 방법을 알려 주고 그런 습관이 들 때까지 도와주어서 중학교 생활에 잘 대비할 수 있도록 지도해야겠습니다.

숙제 자료 찾기 프로젝트

① 학교에 다녀오면 숙제와 준비물이 있는지 가장 먼저 확인하기

스스로 숙제나 준비물을 확인하는 습관이 들지 않았을 때에는 부모가 물어봐 주고 아이가 직접 확인하게끔 하는 것이 필요합니다. 자료를 찾아서 하는 숙제라면 더더욱 미리 챙기는 습관을 들여야 합니다. 찾는 자료가 집에 없다면 도서관에서 책을 빌리거나 신문을 구해야 하는 일이 발생할 수도 있지요. 필요한 자료를 찾을 수 있는 도구들, 즉 백과사전, 관련 책, 신문, 잡지 등을 미리 챙겨 놓기만 해도 숙제하는 부담이 훨씬 줄어들 것입니다.

② 숙제를 정확하게 파악하고 그에 맞는 자료 찾기

제대로 된 자료를 찾으려면 우선은 자신에게 필요한 자료가 무엇인지, 숙제가 무엇인지를 정확하게 알아야 합니다. 만약 식물의 한살이 과정에 대한 숙제 자료를 찾으려면 씨앗의 상태에서부터 떡잎이 나오고 자라서 꽃이 피고 열매 맺는 모습까지의 과정과 관련된 사진과 설명을 조사해야 하지요. 숙제를 정확하게 해 가려면 학교에서 선생님이 숙제를 내줄 때 숙제가 무엇인지 정확하게 알고 오는 것이 당연히 첫 출발입니다. 숙제가 잘 이해되지 않을 때에는 교과서를 살펴봐서 어느 부분에서 배우게 될 것인지를 확인하고 자료를 준비하는 것이 필요하지요.

③ 찾은 자료들을 자신에게 맞게 정리해서 다시 작성하기

숙제를 쉽게 해결하려는 아이들은 컴퓨터의 자료를 찾아 읽지도 않고 그대로 복사해서 사용하려고 합니다. 그러다 보니 아이마다 숙제 내용이 똑같고 심지어 오타까지 똑같은 일이 발생하기도 하지요. 대학생들 사이에서 문제시되었던 '리포트 베끼기'가 이젠 초등학생들 사이에서도 볼 수 있는 현상이 된 것입니다. 찾아 놓은 자료들을 분석하고 그 내용을 어떻게 활용할지를 고민하면서 정리하는 과정을 거쳐야 그 숙제의 진정한 의미를 찾을 수 있고 숙제를 통해 새로운 것을 공부하는 기회를 갖게 됩니다.

우선은 보고서를 어떤 형태로 작성할지 결정합니다. 큰 종이에 여러 가지 그림과 내용을 한꺼번에 붙일지, 한 페이지에 하나의 내용을 넣어 책으로 만들 것인지 등 형태를 정하는 것이지요. 그리고 나서 그림이나 사진들을 적당한 크기로 복사하거나 오려 붙이고 그에 대한 설명을 손으로 적어 가거나 문서 작업하여 덧붙입니다. 어떤 설명을 덧붙일까를 생각하고 분량을 조절하는 과정에서 글을 요약하는 실력과 중요한 내용을 찾는 실력이 향상되지요. 또 나만의 스타일로 숙제를 정리하게 되면 학교에 갔을 때 발표하고 싶은 마음이 생기고 자신감도 높아질 것입니다.

④ 평소에 자료들을 모아 두는 습관 기르기

신문과 잡지를 보다 보면 과학이나 사회 관련 주제에 관한 내용과 사진들이 종종 실려 있습니다. 다 읽은 신문과 잡지들을 버리기 전에 아이와 함께 도움이 될 만한 정보들을 찾아 오려 두기를 해 봅시다. 자연스럽게 신문과 친숙해지는 기회를 갖게 되고 다른 주제에도 관심을 갖게 됩니다. 오려 둔 사진과 기사들을 비닐파일에 주제별로 분류해 두면 필요할 때 쉽게 찾아 쓸 수 있어서 좋습니다. 또한 박물관이나 기념관 등을 갈 때, 혹은 여행을 갈 때는 그곳에 비치되어 있는 안내 책자를 챙겨 와서 모아 두면 숙제할 때 유용하게 쓸 수 있지요.

Chapter 3

초등학교 이후의 영어, 어떻게 대비할까?

영어 공부를 해 온 아이들을 파악해 보면 크게 세 가지 경우로 나누어집니다. 흥미와 재미 위주로 영어를 접해 온 경우, 어렸을 때부터 영어 유치원, 학원, 과외 등 체계적으로 문법, 어휘, 말하기 등을 공부해 온 경우, 외국에서 연수를 하고 왔거나 살다 와서 영어를 자유롭게 구사할 수 있는 경우입니다.

6학년 세진이는 중학교에 가는 것이 조금 두렵습니다. 중학교에 가면 영어가 본격적으로 주요 과목이 되기 때문이지요. 세진이는 영어 공부에 별로 신경 쓰지 않았지만 영어에 흥미는 갖고 있습니다. 세진이의 친구 몇몇은 외국에서 살다 와서 영어를 매우 잘하는데 그런 친구들을 보면 세진이는 중학교에 가서 잘할 수 있을지 걱정스럽지요. 방학을 맞아 엄마와 함께 중학교 영어 과정에 대비해 보려고 학원을 찾고 있지만 어떤 학원에 가야 할지 잘 모르겠습니다. 영어는 고민을 많이 하게 만드는 교과목이네요.

초등학교와 중학교 과정의 가장 큰 차이점은 영어지요. 영어가 주요 과목이 되고 학습 능력을 평가하는 데 가장 중요한 교과 중 하나이기 때문이지요. 그렇기 때문에 어렸을 때부터 영어 공부를 시작하는 것이 현실이고 영어는 개인차가 가장 큰 교과목입니다. 어떤 아이들은 초등학생인데도 고등학생 정도의 문법 실력을 갖고 있는가 하면 어떤 아이들은 이제 막 영어에 흥미를 갖기 시작한 단계이기도 하지요. 6학년 방학은 영어를 어떻게 공부해 왔는지를 살펴보고 중학교 과정을 대비하는 데 매우 중요한 시기입니다.

영어 공부 수준에 상관없이 가장 먼저 노력해야 할 것은 어휘력 향상입니다. 국어에서 어휘가 매우 중요한 요소인 것처럼 외국어에서도 어휘는 매우 중요하지요. 어휘가 기본적으로 바탕이 되어 있어야 독해, 듣기, 말하기, 쓰기를 할 수 있습니다. 그러므로 6학년 방학에는 어휘력 증진을 목표로 잡는 것이 좋습니다. 중학교 1학년에 나오는 영어 단어를 하루에 몇 개씩 외우겠다는 구체적인 목표를 정하고 공부해야 합니다. 단어를 암기하는 데 어려움을 갖고 있는 경우에는 그림과 함께 나온 단어 책을 이용하는 것이 효과적입니다. 또 어휘의 뜻을 알고 있더라도 철자를 틀리는 경우가 많기 때문에 단어를 외울 때 전체 발음에 유의하는 동시에 쓰면서 외우는 것이 좋습니다.

영어 공부를 해 온 아이들을 파악해 보면 크게 세 가지 경우로 나누어집니다. 흥미와 재미 위주로 영어를 접해 온 경우, 어렸을 때부터 영어 유치원, 학원, 과외 등 체계적으로 문법, 어휘, 말하기 등을 공부해 온 경우, 외국에서 연수를 하고 왔거나 살다 와서 영어를 자유롭게 구사할 수 있는 경우입니다.

흥미와 재미 위주로 영어를 접해 온 경우

흥미와 재미 위주로 영어 공부를 해 온 아이들에게 가장 시급한 것은 문법과 독해입니다. 문법을 처음 접하게 되면 매우 어려워하는 경우가 많습니다. 특히 흥미와 재미 위주로 영어 공부를 하던 아이들의 경우에는 문법이 더욱 고리타분하고 하기 싫은 공부가 될 수 있지요. 그리고 문법에 사용되는 용어주어, 목적어, 동사, 형용사 등들이 생소하기 때문에 더욱 어려워하기도 합니다. 그렇기 때문에 복잡하고 어려운 문법 교재보다는 쉬운 기초 문법으로 문법을 접하는 것이 도움이 됩니다. 용어를 쉽게 풀이해 주고 친숙하게 접할 수 있도록 해 주는 것이 중요하지요. 또 짧은 문장 위주의 독해를 접해 보아야 합니다. 중학교 1학년 1학기 수준에는 긴 문장보다는 짧은 문장이 많습니다. 지문이 길지 않기 때문에 짧은 문장을 정확하게 해석하는 연습이 도움이 됩니다. 짧은 문장의 해석이 원활해지면 차근차근 긴 문장을 연습해 보는 것이 좋습니다.

체계적으로 영어 공부를 해 온 경우

어렸을 때부터 체계적으로 영어 공부를 해 온 아이들에게는 영어가 재미있는지 아니면 너무 지겹거나 힘들어하는 것은 아닌지 점검을 해 보아야 합니다. 체계적으로 공부를 한 경우에는 어렸을 때부터 많은 에너지와 노력을 투자해서 현재 상태가 된 것이므로 그것이 아이가 원해서가 아니었다면 매우 지쳐 있을 가능성이 있기 때문이지요. 자신의 영어 실력에 자만해서 중학교 과정의 영어를 쉽게 보았다가 점수가 잘 나오지 않는 경우도 있습니다. 기초 없이 진도를 너무 앞서 가고 있는 것은 아닌지 다시 한 번 살펴볼 필요가 있습니다. 하루에 공부할 수 있는 양은 제한되어 있지요. 다른 교과는 신경 쓰지 않고 영어 공부만을 집중적으로 해 왔다면 균형이 맞지 않기 때문에 다른 교과목 공부에도 적절한 시간을 투자할 수 있도록 학습 계획을 점검해야 합니다.

외국에서 살다 오거나 연수를 하고 온 경우

외국에서 살다 오거나 연수를 하고 와서 영어를 유창하게 구사하는 경우에는 실생활에서 영어를 직접적으로 접해 왔기 때문에 영어 공부에 유리한 것이 사실입니다. 하지만 중학교 내신은 '한국화된 영어'라는 것을 잊지 말아야 합니다. 외국에서 온 학생들의 경우 문법은 알지만 그 문법의 우리말 용어를 알지 못해서 시험에서 틀리는 경우가 많습니다. 중학교 내신은 교과서 본문을 통째로 외운다고 해서 풀 수 있는 문제가 아니라 문법의 기초가 되어 있어야 풀 수 있는 문제들이 출제됩니다. 문법의 기초와 우리말 문법 용어를 차근차근 공부해 두는 것이 중학교 내신을 준비하는 데 도움이 되지요.

영어는 개인차가 매우 심하고 공부 방법이 다양합니다. 남들이 좋다는 것을 따라 하기보다는 개인의 수준에 맞는 공부를 선택하는 것이 영어를 지겨워하지 않고 재미있게 공부할 수 있는 방법이지요.

Chapter 4

노트 정리,
반드시 시작해야한다

아이들이 노트 정리를 하다 보면 공부한 내용을 다시 보면서 내용을 어떻게 조직화할 것인지를 고민하게 됩니다. 그 과정에서 반복적으로 학습이 이루어지고 중요한 내용과 중요하지 않은 내용을 구별할 수 있는 힘을 기르게 되며 체계적으로 공부할 수 있는 능력을 기르게 됩니다. 또한 노트 정리는 공부한 것의 마무리를 지어 준다는 느낌을 갖게 합니다.

사회 공부를 하고 있는 현호에게 교과서를 읽고 나서 알게 된 내용을 노트에 적으면서 공부하면 좋겠다는 이야기를 하자 현호는 곤란한 표정을 지었습니다. '무슨 내용인지 다 이해하면서 읽었는데 그걸 써야 돼요?'라고 물으며 하기 싫어 죽겠다는 듯 몸을 비비 꼬기 시작하지요. 사실 그전까지는 현호에게 노트 정리를 시켜 본 적이 없었던 현호 엄마. 4학년이 되어 제대로 공부 좀 시켜 볼까 했더니 저리도 싫어하다니……. 노트 정리하는 게 처음인데 쉽게 알려 줄 수 있는 방법은 없을지 현호 엄마는 곰곰이 생각합니다. 노트 정리를 하면 어떤 점이 좋은지부터 알려 주어야 현호가 노트 정리를 해 볼 생각을 할 것 같아 현호 엄마는 찬찬히 설명을 시작합니다.

아이들은 수업 시간에 들었던 내용이나 전에 공부했던 내용들을 다 이해했고 모두 기억할 수 있다고 생각합니다. 그렇기에 그것들을 다시 보는 것, 즉 복습하는 것을 매우 싫어하지요. 아이들이 공부하기 귀찮고 싫어서 그런 것일 수도 있지만 또 다른 이유가 있습니다. 그것은 우리의 뇌가 한 번 보았거나 들었던 것은 '다 알고 있다'라는 착각을 일으켜서 더 이상의 인지적인 노력을 기울이지 않으려는 특성이 있기 때문에 아이들은 '다 알고 있는데 뭐 하러 또 해?'라는 생각을 하지요. 그러나 실제로 공부한 내용을 물어봤을 때 정확하게 대답을 하지 못하는 경우가 많습니다.

4학년이 되면 교과목들이 어려워지고 암기해야 할 것들이 쏟아지지요. 평소에 복습을 하지 않아 온 아이들은 시험 때가 되어서야 벼락치기로 공부합니다. 시험 범위도 꽤 많아 읽어야 할 내용이 많고 어디서부터 공부해야 하는지 막막하기만 하지요. 미리미리 복습하면서 중요한 내용들을 정리해 두었다면 그렇게 조급하거나 당황하지는 않을 것입니다. 공부한 내용을 머릿속에 차곡차곡 잘 정리해서 넣고 필요할 때 언제든지 쉽고 빠르게 꺼낼 수 있어야 효과적으로 공부를 한 것이라고 할 수 있지요. 그러기 위해서는 공부한 내용을 다시 정리하면서 관련된 내용을 서로 묶어 보기도 하고 다른 내용은 구분해 보기도 하는 등 내용을 조직화하고 체계화시킬 수 있어야 합니다. 이럴 때 도움이 되는 것이 바로 공부한 내용을 노트에 정리하는 것이지요. 글씨 쓰는 것을 싫어하는 아이들은 읽은 내용을 정리해서 써 보자고 하면 손사래를 칩니다. 쓰는 것을 싫어하는 아이가 아니더라도 많은 아이들이 노트 정리하는 것을 싫어합니다. 학교에서 수업을 받을 때도, 혼자서 공부할 때도 노트 정리를 해 볼 기회가 별로 없어서 어렵게만 생각되기 때문이지요.

노트 필기 1단계 : 노트 정리에 대한 부담 없애 주기

처음 노트 정리를 하는 아이들의 경우에는 정리 자체를 어려운 것으로 생각하고 부담스러워하지요. 노트 정리의 시작은 자신이 어떤 내용의 공부를 했는지 정리해서 남기는 정도로 하면 됩니다. 따라서 일정한 형식에 맞추지 않아도 되지요.

노트 필기 2단계 : 노트 정리 시작 전에 미리 알아 두기

노트 정리의 형식은 자유롭게 하되 어떤 형식이든 제목을 빠뜨리지 말고 꼭 넣어야 합니다. 먼저 제목들의 위계를 살펴보고 큰 제목 아래에 작은 제목이 몇 개 있는지 확인하도록 합니다. 그러고 나서 내용을 적을 때에는 그것이 어떤 제목에 해당되는 내용인지 구분해서 쓰도록 합니다. 공부하기 전에 목차를 보는 습관을 기른다면 훨씬 수월하게 정리할 수 있지요. 노트 정리를 할 때에는 너무 빽빽하게 쓰지 않는 것이 좋습니다. 한 페이지를 다 채우기보다는 80% 정도만 쓰고 여백을 두면 보기에 편하고 나중에 추가할 내용이 있을 때 빈자리에 적어 넣을 수 있어서 좋습니다. 글씨는 알아볼 수 있도록 깨끗하게 정리하도록 하며 예쁘게 적으려고 많은 시간을 보내는 것은 효과적이지 않습니다.

노트 필기 3단계 : 노트 정리하는 데 필요한 기술 익히기

① 내용 간추리기

노트 정리를 할 때는 본문의 내용을 그대로 옮겨 적지 않도록 하며 각 문단에서 중요한 내용을 요약하려고 노력하면서 정리하도록 합니다. 읽을 때 중심이 되는 내용에 밑줄을 긋거나 번호를 매겨 두면 정리할 때 편리하지요. 아직 중요한 것과 중요하지 않은 것을 구별해 내기 힘든 경우에는 글자 수를 줄여서 쓰는 것을 목표로 연습하도록 합니다.

② 표나 그림 이용하기

사회나 과학의 경우에는 종류를 나열하는 내용이 있고 서로 다른 것을 비교하는 내용도 많이 나옵니다. 표나 그림을 이용해서 비교 항목과 내용들을 적는다면 정리하기가 훨씬 쉽고 기억하기도 쉽습니다.

③ 기호로 표시하기

기호를 이용해서 간략하게 적거나 눈에 띄도록 정리하는 것도 좋은 방법입니다. 예를 들면 '온도가 상승한다'라는 것을 정리할 때 '온도 ↑'라고 정리하면 편리하면서 알아보기 쉽겠지요.

노트 필기 4단계 : 다양한 노트 관찰하고 연습하기

시중에는 마인드맵이나 코넬 노트법을 활용한 노트 정리 방법을 소개하는 책들이 많이 있습니다. 각각의 노트 정리법에 대해 알려 주고 다양한 방법으로 노트 정리하는 것을 연습해 보도록 합니다. 친구들이나 나이가 많은 형제들의 노트들을 살펴보는 것도 좋습니다. 그리고 꾸준히 노력해서 자신에게 알맞은 노트 정리 방법을 찾아낼 수 있도록 합니다.

아이들이 노트 정리를 하다 보면 공부한 내용을 다시 보면서 내용을 어떻게 조직화할 것인지를 고민하게 됩니다. 그 과정에서 반복적으로 학습이 이루어지고 중요한 내용과 중요하지 않은 내용을 구별할 수 있는 힘을 기르게 되며 체계적으로 공부할 수 있는 능력을 기르게 됩니다. 또한 노트 정리를 반복적으로 하다 보면 시간이 오래 걸리지 않으면서 노트 정리가 또 하나의 과제가 아니라 공부한 것의 마무리를 지어 준다는 느낌을 갖게 되어 스스로 정리하는 습관을 기르게 됩니다. 노트 정리하는 습관을 일찍부터 기르게 되면 교과목의 수가 많아지고 어려워져도 충분히 학습을 잘 해낼 수 있을 것입니다.

Chapter **5**

자녀의
휴대전화사용을
관리한다

휴대 전화를 올바르게 사용하는 부모의 모습을 보여 주세요. 주위에 다 들릴 정도로 큰 소리로 통화하거나 오래 통화하는 모습, 명절이나 연말에 쏟아지는 문자 메시지들, 각종 홍보 메시지들이 신호음을 보낼 때마다 즉각적으로 확인하는 모습들 등 아이들은 부모들의 휴대 전화 사용 방법을 그대로 배우고 있음을 잊지 맙시다.

휴대 전화를 사준 지 얼마 안되었을 때 도영이의 휴대 전화 벨소리가 울리는 것을 몇 번 못 들어 본 도영 엄마는 도영이가 가족들에게 안부 전화하는 것 말고는 휴대 전화를 별로 사용하지 않는가 보다라는 생각을 하고 있었습니다. 그런데 알고 보니 도영이 휴대 전화는 언제나 진동으로 되어 있었던 것뿐이었지요. 월말이면 정액제의 요금을 다 사용하고는 요금이 없어서 집에 전화를 못한다는 도영이. 도영이는 휴대 전화가 없으면 불안한지 늘 손에 휴대 전화가 들려 있고 문자를 받는 즉시 일초도 안 지나 다시 보내 주고 또 그 답장이 오기를 기다립니다. 도통 공부에 집중할 수가 없지요.

 아이들을 대상으로 한 범죄가 갈수록 증가하고 있어 아이들을 밖으로 내보내기가 점점 더 무서운 세상이 되어 가고 있습니다. 아이들은 근처의 학원을 찾아다니거나 간혹 버스를 타고 좀 멀리까지 학원을 다니는 등 집 밖에서 보내는 시간들이 갈수록 늘어가고 있지요. 사정이 그렇다 보니 혹시 모를 위급 상황 시에 부모에게 연락을 취할 수 있도록 자녀에게 휴대 전화를 사 주게 됩니다. 휴대 전화를 통해서 자녀의 위치를 확인할 수 있고 학원에 도착하거나 출발할 때 서로 자유롭게 연락을 취할 수 있기 때문에 이제 휴대 전화는 자녀와 부모 양쪽 모두에게 불가피한 필수품이 되고 있는 것이지요. 한 설문에 의하면 현재 우리나라 초등학생 중 67%가 휴대 전화를 사용하는 것으로 조사되었다고 합니다. 단연 1~3학년보다는 6학년이 가장 많이 사용하고 있으나 4학년 아이들의 경우에도 전체의 절반가량이 휴대 전화를 사용한다고 합니다. 새로운 기능들이 추가된 휴대 전화들이 앞다투어 등장하고 그에 대한 요구는 갈수록 늘어가므로 초등학생들의 휴대 전화 사용률이 더욱 늘어날 것이며 휴대 전화를 처음 사용하는 시기도 더욱 빨라질 것은 자명하다고 볼 수 있겠지요.

처음에는 아이에게 휴대 전화를 구입하게 했던 용도로 요긴하게 사용되어 편리하게만 생각되었던 것이 점차 친구들끼리 문자 메시지를 주고받거나 게임을 하는 등 다른 용도로 더 많이 사용하게 되면서 휴대 전화는 골칫거리와 싸움거리가 되어 버리고 말지요. 또한 휴대 전화 과다 사용으로 인해 발생할 수 있는 여러 부정적인 영향들이 보고되면서 고민거리까지 되어 버렸습니다. 실제로 많은 초등학생들이 휴대 전화에 상당히 집착하고 있고 휴대 전화를 매개로 친구들과의 관계를 유지하려는 경향을 보이고 있습니다. 아이들은 통화와 문자 메시지를 주고받으면서 친구와 더 친하게 지낼 수 있고 그 관계를 더 오래 유지할 수 있다고 생각해 더욱 더 휴대 전화에 집착하게 되는 것이지요. 사춘기로 접어들면서 아이들은 또래 집단에 대한 애착을 더 많이 갖기 때문에 한시라도 휴대 전화가 없으면 불안해지기까지 하는 중독 수준에 이르기도 합니다. 또한 집에서만 사용할 수 있는 컴퓨터와 달리 부모의 간섭을 피해 언제 어디서나 자유롭게 게임을 할 수 있다 보니 과도하게 휴대 전화를 사용하는 일이 빈번합니다. 그렇다 보니 아이들은 휴대 전화 사용 후에 귀가 뜨거워지거나, 집중력이 떨어지거나, 피로감을 느끼는 등의 여러 증상들을 스스로 자각하기도 합니다. 이러한 느낌을 받은 적이 있다면 이미 아이 스스로 통제할 수 있는 수준을 넘어섰다고 보아야 하겠지요.

부모들은 처음 아이에게 휴대 전화를 사 주려고 할 때 곳곳의 휴대 전화 매장을 다니며 가격을 비교하고 각종 휴대 전화 틈에서 디자인, 기능, 서비스들을 고려하느라 상당한 시간과 노력을 들이지요. 그리고 초등학생에게 알맞은 요금제로 선택해 요금에 대한 한도를 조정하는 것을 끝으로 아이들에게 휴대 전화를 넘겨주게 되지요. 그러나 휴대 전화를 선택하는 데 들이는 깐깐함보다 아이들에게 사용 규칙을 정하는 것에 더욱 깐깐한 부모가 되어야 합니다. 그래야만 휴대 전화가 도움이 되는 물건이 될 수 있겠지요.

올바른 휴대 전화 사용을 위해 약속해야 할 사항들

① 수업이나 공부 등 집중해야 하는 일이 있을 때에는 무조건 꺼 둡니다.

진동으로 해 두어도 수업 중에 진동음이 들린다면 어느새 주의가 분산되고 휴대 전화를 확인하고 싶은 마음에 집중이 안될 것입니다. 집에서 공부할 때도 마찬가지입니다. 친구들과 문자를 주고받느라 항상 휴대 전화를 손에 들고 만지작거린다면 공부에 집중하기 어렵고 공부하는 시간이 길어지기만 해 실제 공부한 양은 얼마 안되나 피곤함을 느끼게 되지요. 아이 스스로 통제하기 어려울 경우에는 공부를 시작하러 들어갈 때 휴대 전화를 거실에 두고 들어가거나 부모에게 맡기고 들어가도록 규칙을 정합니다. 그리고 나서 공부가 끝난 뒤에 휴대 전화를 돌려받을 수 있게 해 주세요.

② 꼭 필요한 경우에만 사용합니다.

부모들은 대부분 초등학생 정액 요금제를 선택해 주는데 이것은 지정된 금액

내에서 무료 메시지와 무료 통화를 다 쓰고 나면 발신이 차단되므로 요금이 과다

하게 나오는 것을 예방할 수 있는 장점이 있습니다. 그러나 무료이므로 남기면 오

히려 아까운 것으로 인식해 자칫 문자 메시지 사용을 더욱 허용하는 낭패를 보게

될 수 있습니다. 또한 무료 통화, 무료 문자를 다 사용해 정작 필요할 때에는 발신

이 차단되어 부모에게 연락을 못하는 일이 생기게 되지요. 따라서 불필요한 통화

나 문자 메시지를 주고받는 일이 없도록 해야 합니다. 그리고 종종 잔여 통화량 및

메시지 건수를 확인해 위급 시에 사용할 수 있도록 해 주세요.

③ 쓸데없는 유료 콘텐츠 사용은 하지 않습니다.

다 그런 것은 아니지만 사기성이 짙은 콘텐츠가 많으므로 아예 사용하지 않도

록 합니다. 후에 턱없이 많은 요금이 청구될 수도 있고 음란 사이트에 정보가 유출

되어 자신도 모르는 사이에 피해자가 될 수도 있습니다.

④ 새로 나온 휴대 전화로 쉽게 바꾸지 않습니다.

요즘 아이들은 최신 휴대 전화를 어른들보다 더 먼저 알고 사고 싶어 하지요. 인

기 있는 휴대 전화를 새로 구입한 아이의 주변에는 구경하러 친구들이 몰려들고

부러움을 한 몸에 받기도 합니다. 쓰던 물건에 쉽게 싫증을 내는 아이들에게 최신

제품으로 쉽게 바꾸어 주게 되면 아이들은 더욱 더 자기 물건에 대한 애착이 없

어지고 새로운 것만 추구하려는 욕심이 커지게 됩니다. 따라서 기능이나 디자인

이 조금 떨어진다고 해도 사용하는 데 지장이 없다면 굳이 바꾸어 주는 일은 없

어야 하겠지요.

무엇보다도 휴대 전화를 올바르게 사용하는 부모의 모습을 보여 주세요. 주위에다 들릴 정도로 큰 소리로 통화하거나 오래 통화하는 모습, 명절이나 연말에 쏟아지는 문자 메시지들, 각종 홍보 메시지들이 신호음을 보낼 때마다 즉각적으로 확인하는 모습들 등 아이들은 부모들의 휴대 전화 사용 방법을 그대로 배우고 있음을 잊지 말아야겠지요.

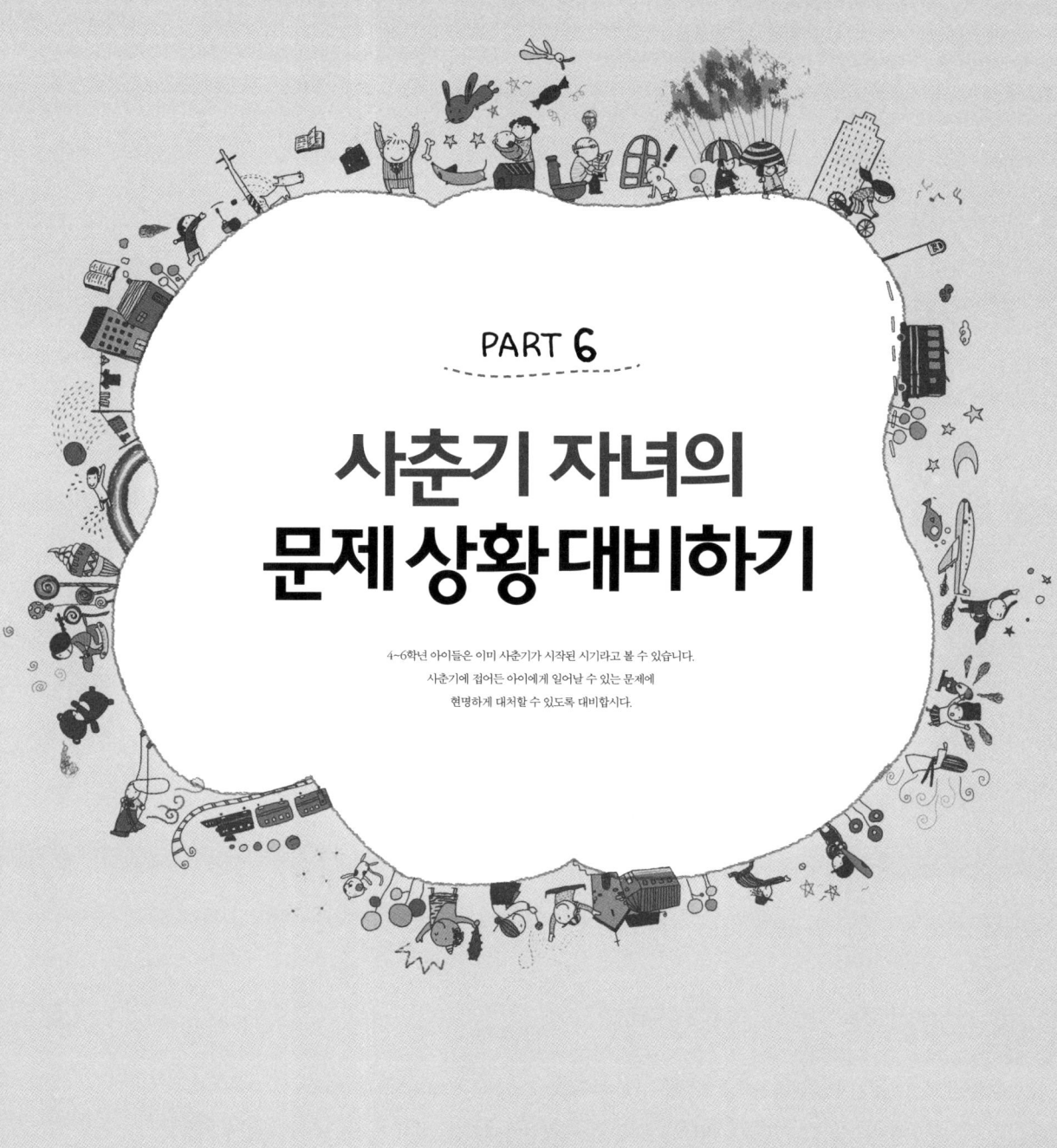

PART **6**

사춘기 자녀의
문제 상황 대비하기

4~6학년 아이들은 이미 사춘기가 시작된 시기라고 볼 수 있습니다.
사춘기에 접어든 아이에게 일어날 수 있는 문제에
현명하게 대처할 수 있도록 대비합시다.

Chapter 1

우리아이
이럴땐 어떻게 할까?
: 따돌림

또래 관계를 잘 유지하는 데 매우 중요한 사회적 기술이지요. 또래들과 잘 지내기 위해서는 인사를 잘하는 것에서부터 시작할 수 있습니다. 등굣길에서나 교실에서 친구를 만나면 반갑게 먼저 인사를 건네도록 자녀에게 알려 줍시다. 먼저 인사하는 사람이 더 기분 좋으니 즐거운 하루가 시작될 수 있습니다.

유미는 친구들이 별로 없습니다. 학교에서 쉬는 시간에도 혼자 노는 경우가 많아 유미 부모님은 늘 걱정이지요. 소극적인 유미는 친구들에게 말을 거는 것이 왠지 창피하고 쑥스럽습니다. 유미는 왜 친구들이 자기에게 먼저 말을 걸어 주지 않을까 섭섭하기도 하지요.

같은 반 친구 민우도 친구들이 별로 없습니다. 유미와는 다르게 쉬는 시간마다 가장 큰 소리로 떠듭니다. 다른 아이들에게 심하게 장난을 치고 자기 마음대로 되지 않으면 화도 많이 냅니다. 민우는 아이들이 왜 자기를 피하려고 하는지 잘 모르겠습니다.

인간은 '사회' 속에서 살아갑니다. 로빈슨 크루소처럼 다른 사람이 아무도 살지 않는 곳에서 산다면 자기 마음대로 하면서 살 수 있겠지요. 하지만 우리는 사회적 동물이기 때문에 언제나 사회 속에서 다른 사람, 다른 환경과 관계를 맺고 있습니다. 다른 사람들과 사는 사회에서 적절하게 상호 작용하고 대처할 수 있는 능력을 '사회적 기술'이라고 합니다. 예전에는 공부를 잘하기 위해서 공부 자체와 관련된 부분만을 다루려고 했지만 이제는 공부 외적인 부분들심리, 사회성 등의 중요성을 크게 인식하고 있지요. 다른 사람과 상호 작용을 잘하기 위해서 필요한 사회적 기술이 많이 있겠지만 학교 다니는 우리 아이들에게 필요한 사회적 기술은 다음과 같이 크게 네 가지 부분으로 나눌 수 있습니다.

교실에서의 사회적 기술

책상 정돈하기, 쓰레기를 분리수거 규칙에 따라 잘 버리기, 주의 산만을 일으키는 주변 자극들에 유혹받지 않기, 급식 시간에 줄 잘 서기, 쉬는 시간에 큰 소리로 떠들지 않기, 선생님 말씀 경청하기와 같은 기술이 필요하지요. 같은 공간을 여러 사람이 사용하다 보면 갈등이 생기기 마련입니다. 규칙을 잘 지키고 다른 친구들을 방해하지 않는 연습을 해서 갈등의 빈도를 줄이는 것이 필요합니다.

자기 관리와 관련된 사회적 기술

청결 유지하기, 지각이나 결석하지 않기, 맡은 일 책임감 있게 하기, 준비물 잘 챙기기 등 자신을 잘 통제하고 관리하는 기술이지요. 특히 몸이 청결하지 않으면 냄새 등으로 타인에게 불쾌감을 주게 됩니다. 4~6학년 아이들은 몸에 분비물이 많아져서 청결에 신경 쓰지 않으면 1~3학년 때에 비해 금방 티가 나므로 특히 더 주의해야 하지요.

과제와 관련된 사회적 기술

선생님의 질문에 손들고 대답하기, 수업에 집중하고 선생님 말씀 경청하기, 토의 시간에 주제에 맞는 이야기하기, 기한 내에 과제 잘하기 등과 관련된 기술이지요. 아이들이 선생님과의 관계에서 스트레스를 받는 경우가 많습니다. 특히, ADHD주의력 결핍 과잉 행동 장애 아이들은 주의력이 취약해서 산만한 행동을 하게 되지요. 그러다 보니 선생님으로부터 지적을 많이 받습니다. 이렇게 되면 아이들은 자신의 입장에서 주로 생각하는 경향이 있기 때문에 무조건 선생님을 싫어하기도 하지요. 결국 산만한 행동이 더 증가합니다. 산만한 자녀를 그대로 두면 각종 어려움이 계속 발생하게 되므로 전문가와 상의해서 적극적으로 대처하는 것이 중요합니다.

대인 관계와 관련된 사회적 기술

또래 관계를 잘 유지하는 데 매우 중요한 사회적 기술이지요. 또래들과 잘 지내기 위해서는 인사를 잘하는 것에서부터 시작할 수 있습니다. 등굣길에서나 교실에서 친구를 만나면 반갑게 먼저 인사를 건네도록 자녀에게 알려 줍시다. 먼저 인사하는 사람이 더 기분 좋으니 즐거운 하루가 시작될 수 있습니다. 고마운 일이 있을 때는 '고마워', 미안할 때는 '미안해'라고 표현만 해도 오해가 쌓여 우정을 해치는 일이 줄어들 것입니다. 점점 더 우리 아이들의 형제자매가 줄어들고 친구들과 자연스럽게 어울리며 대인 관계 기술을 습득해 나갈 수 있는 기회가 줄어들면서 '따돌림'의 문제가 커지고 있습니다. 따돌림을 당할 특별한 이유가 없는데도 주변 친구들의 성품에 문제가 있어서 따돌림을 당하는 경우가 있고 대인 관계와 관련된 기술이 부족해서 따돌림을 당하는 경우도 있습니다. 초등학교 아이들은 아직 많이 미숙하기 때문에 서로를 배려하는 마음이 적어 조금만 자신에게 거슬려도 친구를 따돌리면서 상처를 주곤 하지요. 따돌림에는 아이들 개인의 특성만 작용하는 것이 아니지만 대인 관계 기술을 익혀 나가면 적어도 개인의 특성으로 인해 발생하는 따돌림 문제는 예방할 수 있습니다.

① 친구가 말할 때 경청하기

친구가 말을 할 때는 귀 기울여 듣는 것, 즉 경청을 해야 합니다. 내 말만 하고 친구의 말은 건성으로 들으면 친구에게 나쁜 인상을 주지요. 자신의 의견을 말할 때에는 적절한 음높이와 적당한 크기로 이야기합니다. 너무 큰 소리로 말하면 화가 난 것처럼 들리기도 하고 너무 작은 소리로 말하면 자신의 의견을 전달하는 데 어려움이 생기니까요.

② 친구가 도움 요청할 때 도와주기

친구가 도움을 요청할 때는 도와주어야 합니다. 물론 자신이 감당하기에 벅찬 것을 무리하게 도와주는 것은 경계해야 하지요. 도와주고 싶은 마음을 차근차근 전달하고 도와주기가 힘든 상황이니 다른 방법을 찾아보자고 친구에게 적절하게 표현하는 것도 중요합니다. 학용품 등도 당장 쓰지 않는 것은 빌려 주어야겠지요.

③ 친구와 의견이 다를 때 조율하기

의견이 서로 다를 때는 일방적으로 주장하기보다는 서로의 의견을 이야기하고 대화를 통해 의견을 조율해야 합니다. 화가 났을 때는 '내가 이러이러해서 화가 났어'라고 '말'로 이야기하도록 합니다. 화가 났다고 해서 욕설이나 신체적 공격을 하면 더 큰 문제가 발생하지요. 친구가 신체적 공격을 한다면 맞대응하기보다는 그 자리를 피하거나 도움을 요청하는 것이 좋습니다.

 **부모 수첩 • 04 | 사회성 프로그램**

또래 관계에 어려움이 많거나 또래 관계 기술을 더 배우고 싶은 경우에는 아동 상담 연구소, 상담 센터, 학습 클리닉 등 전문 기관에서 진행하는 '사회성 프로그램'에 참여하는 것이 도움이 됩니다. 사회성 프로그램은 또래 아이들과의 그룹 프로그램으로 또래 관계에서 어려움이 많은 경우 전문가의 구조화된 프로그램 안에서 사회적 기술을 연습해 볼 수 있는 기회를 가질 수 있습니다.

Chapter 2

우리아이 이럴 땐 어떻게 할까? : 부정적인 마음

학습은 반복되는 경험에 의해 이루어지는 것이고 긍정적인 마음과 부정적인 마음도 학습에 의해 만들어져 갑니다. 아이들이 어떤 경험을 반복적으로 하느냐에 따라 긍정의 힘을 키우느냐, 부정의 힘을 키우느냐가 갈리므로 아이들이 반복적으로 긍정적인 경험을 해 나갈 수 있도록 격려해야 하겠습니다.

수영이는 지난번 시험 성적이 좋지 않았습니다. 열심히 공부했다고 생각했는데 생각지도 않았던 문제들이 나와서 많이 틀렸지요. 시험 성적 때문에 부모님께 많이 야단맞고 다음 시험에는 열심히 해서 좋은 성적을 얻겠다고 엄마, 아빠와 약속을 한 수영이. 막상 시험이 2주일 앞으로 다가왔는데 자꾸 불안한 마음이 들면서 '어차피 이번에도 또 못 볼 텐데······'라는 생각에 마음이 무겁습니다. 오늘도 공부하기로 한 분량을 다 끝내지 못했지요. 집중이 잘되지 않고 자꾸 걱정만 됩니다.

긍정적인 마음과 부정적인 마음에 대해 언급할 때 인용이 가장 많이 되는 말이 있습니다. 컵에 물이 반만큼 남아 있을 때 '반이나 남았네'라고 말하느냐 '반밖에 안 남았네'라고 말하느냐에 따라 긍정적인 마음, 부정적인 마음의 차이를 설명하지요. 어려움이나 역경에 부딪치면 수많은 감정들이 몰려옵니다. 어려움을 극복하고자 파이팅하는 마음에 흥분하기도 하고 힘든 상황에 대해 분노를 느껴 격분하기도 하고 또 잘되지 않을 것 같아 불안하기도 합니다. 부정적인 마음이 앞서는 사람들은 어떤 일을 시작하기도 전에 불안해하고 걱정하지요.

긍정적인 마음을 갖고 있으면 어려움이 닥쳐도 '잘 헤쳐 나갈 수 있다'라고 자기 암시를 하며 파이팅을 하고 어려운 상황을 통해 무엇을 배울 것인가에 대해서 생각하고 해결점을 찾기 위해 노력합니다. 적극적으로 문제에 직면하여 해결하려고 노력하는 것이지요. 이러한 과정을 통해 한 단계 성장하는 자신을 만들어 갑니다. 특히 어려운 것, 지루한 것, 힘든 것, 하기 싫은 것을 잘 참아 내야 하는 '공부'를 하는 데에 긍정적인 마음은 필수적인 요소이지요. 그런데 사춘기에 있는 아이들은 정도의 차이가 있기는 해도 일상생활에서 부정적인 마음이 앞서곤 합니다. 부정적인 마음이 권위 있는 대상^{부모, 선생님}에게는 '반항적인' 모습으로 표현되지요. 사춘기 아이들은 '현실을 부정하고 또 다른 세상, 이상적인 세상'을 꿈꾼다는 발달적 특성이 있습니다. 현실을 부정하니 부모가 무슨 말을 해도 다 듣기 싫고 간섭으로 여겨져서 반항적인 모습을 보이게 됩니다. 요즘은 발달이 매우 빨라지고 있지요. 초등학교 4~6학년은 이미 사춘기에 있다고 보면 됩니다. 우리 아이들이 긍정적인 마음을 갖도록 도와주는 것은 부모와 지도하는 선생님들의 중요한 역할입니다.

부정적인 마음이 클 때 나타나는 모습

첫째, 의심이 많아집니다. 새로운 정보를 받아들일 때, 판단을 내릴 때 비판적으로 사고하는 것은 건전하고 건강한 일이지요. 합리적인 생활을 하는 데 있어서 매우 중요한 것인데 비판적인 판단이 왜곡되고 부정적인 마음이 앞서면 '무조건 의심하기'가 됩니다. 부정적인 마음을 갖고 있는 사람의 가장 큰 특징 중 하나가 '의심'을 많이 한다는 것입니다. 남을 의심하고 자아 효능감^{잘할 수 있다는 마음}을 의심해서 건강한 사회적 관계를 맺는 데에 방해가 되고 부모와 자녀 간의 갈등이 커지며 학업 성취에도 큰 방해가 되지요.

둘째, 부정적인 마음이 크면 분명히 어떤 문제가 있는데도 불구하고 문제가 없다고 부인하거나 문제로부터 거리를 두고 자신의 문제가 아닌 것처럼 '회피'하는 행동을 합니다. 시험이 며칠 앞으로 다가왔는데도 공부를 하지 않는다면 당연히 좋은 결과를 낼 수 없지요. 시험 준비라는 상황을 직면하고 열심히 노력할 때 좋은

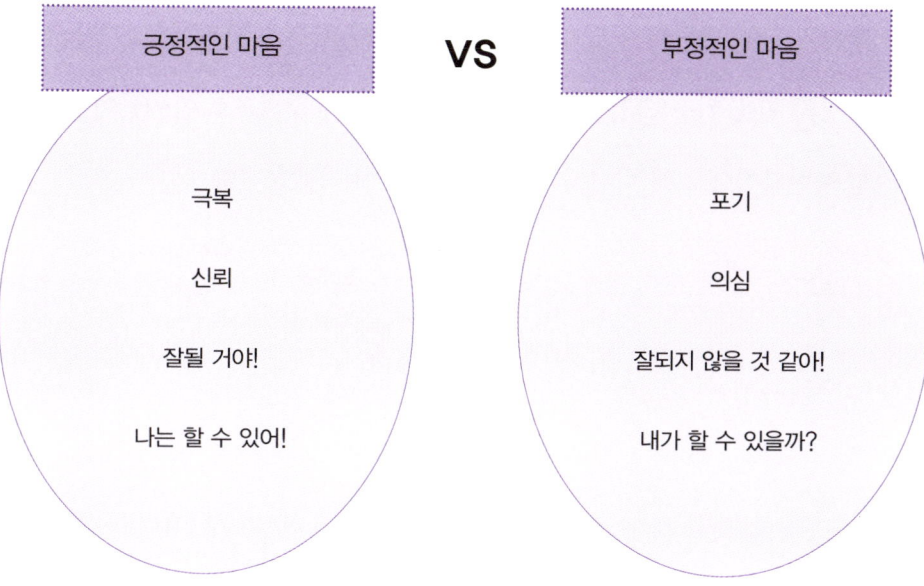

긍정적인 마음과 부정적인 마음

긍정적인 마음	VS	부정적인 마음
극복 신뢰 잘될 거야! 나는 할 수 있어!		포기 의심 잘되지 않을 것 같아! 내가 할 수 있을까?

결과가 따릅니다. 자신에게 주어진 상황이나 문제를 회피하다 보면 일시적으로는 닥친 문제에서 자유로울 수 있겠으나 여전히 문제는 남아 있게 되고 그로 인해 더 큰 문제들이 발생할 수 있지요.

부정적인 마음이 큰 아이들은 더 어렸을 때부터 부정적인 성향을 키워 온 셈이고 부정적인 생각이 학습된 셈이기 때문에 결심만 한다고 해서 쉽게 긍정적인 성향으로 변하는 것은 아닙니다. 꾸준히 '긍정하는' 연습이 필요하지요. 긍정적인 마음을 키우기 위해서는 성취 가능한 목표들을 정하고 달성하기, 자신의 의견을 정확하게 표현하기, 또래나 어른들과 원만한 관계 맺기 등과 관련된 연습을 통해 긍정적인 경험을 반복적으로 하는 것이 필요합니다.

학습은 반복되는 경험에 의해 이루어지는 것이고 긍정적인 마음과 부정적인 마음도 학습에 의해 만들어져 갑니다. 아이들이 어떤 경험을 반복적으로 하느냐에 따라 긍정의 힘을 키우느냐, 부정의 힘을 키우느냐가 갈리므로 아이들이 긍정적인 경험을 반복적으로 해 나갈 수 있도록 격려해야 하겠습니다.

Chapter 3

우리 아이
이럴 땐 어떻게 할까?
: 우울, 불안

마음이 가장 안정되고 휴식을 취할 수 있는 공간은 역시 가정입니다. 아이가 가장 가까운 부모와의 관계에서 힘든 상황이 계속된다면 집 자체가 스트레스가 되지요. 지지와 격려, 응원이 있는 공간으로 가정 환경을 만드는 데 부모의 역할이 무엇보다 크다는 것을 잊지 말도록 합시다. 부모의 도움만으로 힘들 경우 전문가의 도움을 받습니다.

6학년 유미 엄마는 어느 날 유미가 학교에 간 사이에 책상 위에 펼쳐져 있는 유미의 일기장을 보게 되었습니다.

"나는 요즘 들어 짜증이 많이 난다. 기분도 별로 좋지 않고 학교 가는 것도 싫다. 집중도 안되고 공부를 강조하는 엄마, 아빠 잔소리도 듣기 싫다……."

유미가 힘든 마음을 써 놓았는데 유미 엄마는 유미의 마음을 들여다보고는 마음이 쿵 내려앉는 것 같습니다. 며칠 전에는 아무것도 아닌 일로 친구와 서로 짜증내고 싸워서 말도 안 한다고 하기에 '아이들이 다 그렇지……' 하고 크게 신경을 쓰지 않았는데 생각했던 것보다 유미가 마음이 많이 힘든 것 같아 엄마는 초조하게 유미가 돌아오기를 기다립니다.

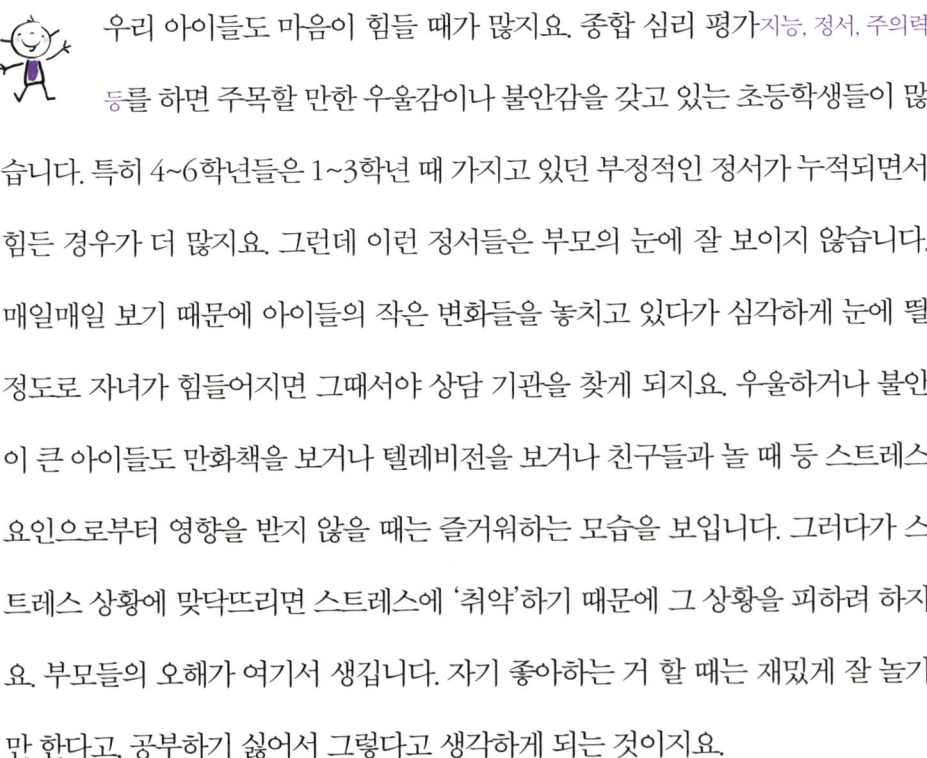

우리 아이들도 마음이 힘들 때가 많지요. 종합 심리 평가지능, 정서, 주의력 등를 하면 주목할 만한 우울감이나 불안감을 갖고 있는 초등학생들이 많습니다. 특히 4~6학년들은 1~3학년 때 가지고 있던 부정적인 정서가 누적되면서 힘든 경우가 더 많지요. 그런데 이런 정서들은 부모의 눈에 잘 보이지 않습니다. 매일매일 보기 때문에 아이들의 작은 변화들을 놓치고 있다가 심각하게 눈에 띌 정도로 자녀가 힘들어지면 그때서야 상담 기관을 찾게 되지요. 우울하거나 불안이 큰 아이들도 만화책을 보거나 텔레비전을 보거나 친구들과 놀 때 등 스트레스 요인으로부터 영향을 받지 않을 때는 즐거워하는 모습을 보입니다. 그러다가 스트레스 상황에 맞닥뜨리면 스트레스에 '취약'하기 때문에 그 상황을 피하려 하지요. 부모들의 오해가 여기서 생깁니다. 자기 좋아하는 거 할 때는 재밌게 잘 놀기만 한다고, 공부하기 싫어서 그렇다고 생각하게 되는 것이지요.

초등학생 아이들은 마음이 힘들 때 대처하는 것이 서투르기 때문에 자신의 마음을 다스리기 어렵고 뭔가 불편한 마음이긴 한데 그것이 우울인지, 불안인지, 어떤 건지 잘 몰라서 몸으로 반응이 나오기도 합니다. 화를 많이 낸다든가, 짜증이 심해진다든가, 거짓말이나 욕이 많아진다든가, 산만한 행동을 한다든가 하는 식으로 말이지요. 마음이 힘든 것을 그냥 방치하게 되면 이후에 큰 문제가 발생하기 때문에 그때그때 잘 대처하고 스트레스를 해결하는 방법을 배우는 것이 중요합니다. 성향적으로 우울이나 불안이 큰 아이들이 물론 있지만 기질적인 부분이더라도 스트레스를 최소화하면 우울, 불안을 다스리는 데 큰 도움이 됩니다. 사춘기에 있는 초등 4~6학년들의 경우에는 더욱 그렇지요.

가정 환경적인 부분을 제외하면 아이들이 받는 가장 큰 스트레스는 학업 스트레스일 것입니다. 학업 스트레스는 크게 친구와의 관계, 교사와의 관계, 공부 문제, 학교 환경, 건강과 신체 문제 등으로 나타납니다. 스트레스 상황에서는 어떤 부분에서 스트레스를 받고 있는지 구체적으로 파악하는 것이 중요하지요. 친구와 싸우거나, 괴롭힘을 당하거나, 경쟁 관계에 있던 친구가 자기보다 성적을 더 좋게 받는 경우에도 스트레스를 받습니다. 교사와의 관계에서는 차별 대우를 받는다고 생각될 때, 지적을 빈번하게 받을 때, 수업 시간에 선생님의 설명이 잘 이해되지 않을 때 스트레스를 받을 수 있지요. 공부 문제에서는 성적과 관련된 스트레스가 가장 큽니다. 성적 자체로도 스트레스를 받게 되지만 성적이 잘 안 나와서 부모로부터 야단을 맞고 눈치를 볼 때 더 많은 스트레스를 받게 되지요. 사소하게는 시간표의 배치, 소란스러운 학교 주변, 너무 덥거나 추운 교실 등에 대해서도 스트레스를 받을 수 있으므로 스트레스의 요인을 파악하고 자녀가 잘 대처할 수 있도록 도와주어야 합니다.

스트레스받는 아이에게 공감해 주기

스트레스가 발생했을 때의 대처 방법은 각기 다양할 수 있지만 스트레스 발생 시에 혼자서만 끙끙 앓고 있는 것보다는 우선 누군가에게 털어 놓는 것이 필요합니다. 자신이 신뢰할 수 있는 사람으로부터 공감을 얻고 감정적인 지지를 받게 되면 같은 상황이라도 스트레스가 크게 완화될 수 있지요. 물론 실질적인 도움을 받을 수도 있습니다. 자녀가 부모에게 스트레스를 털어놓는 경우 대수롭지 않게 넘어가거나 적극적으로 들어 주지 않으면 '이야기해도 소용없다'라는 생각이 자리 잡게 되어 아이가 자신의 감정을 잘 표현하지 않게 되므로 주의해야 합니다. 자녀가 어려움을 겪고 있는 감정에 대해 공감해 주고 문제 해결 방안을 함께 고민하며 무엇보다 부모가 아이의 편에서 언제든지 도와줄 준비가 되어 있다는 것을 적극적으로 표현해 주어야 하지요. 문제를 해결하겠다고 처음부터 논리적으로 접근해서 상황을 조목조목 따지거나 자녀가 잘못 생각하고 있다는 등 객관적인 상황만을 중심으로 접근하면 아이는 더 큰 스트레스를 받습니다.

문제를 간결하게 정리하기

스트레스 상황에서 문제를 해결할 때는 최대한 상황을 간결하게 정리하는 것이 좋습니다. 주된 문제가 아닌 사소한 것들에 주목하면 문제 해결에 방해가 됩니다.

스트레스의 가장 주된 부분에 초점을 맞추고 가능한 해결책의 모든 '경우의 수'를 구체적으로 생각해 보도록 하는 것이 필요합니다. 한 번에 해결하려고 하면 오히려 문제 해결을 포기하게 될 수 있으므로 가장 효과적으로 문제가 해결될 때까지 생각해 낸 방법들로 다양한 시도를 해 보는 것이 좋지요. 아이들은 문제 해결에 있어서 문제를 극대화하거나 감정에 치우쳐 충동적인 선택을 할 수 있으므로 부모의 도움이 필요합니다.

전문가의 도움받기

부모나 주변 어른들의 도움만으로 스트레스를 해결할 수 없는 경우에는 전문가의 도움을 받는 것이 좋습니다. 특히 부모와의 갈등에서 스트레스를 받고 있다면 부모와 계속 부딪치면서 갈등을 키워 나가기보다는 전문가의 도움을 받는 것이 효과적이지요. 예전에는 문제가 크게 발생하면 상담 기관을 찾고 도움을 청했기 때문에 상담 기관은 아이의 문제가 심각할 때 가는 곳이라는 오해가 있었습니다. 전문가와의 상담은 문제를 해결할 때뿐만 아니라 '예방'의 목적도 있으니 상담 기관을 방문하는 것을 너무 무거운 마음으로 접근할 필요가 없지요.

마음이 가장 안정되고 휴식을 취할 수 있는 공간은 역시 가정입니다. 아이가 가장 가까운 부모와의 관계에서 힘든 상황이 계속된다면 집 자체가 스트레스가 되지요. 지지와 격려, 응원이 있는 공간으로 가정 환경을 만드는 데 부모의 역할이 무엇보다 크다는 것을 잊지 맙시다.

Chapter 4

우리아이
이럴땐 어떻게 할까?
: 게임 중독

게임 시간 조절 계획을 세우고 게임 시간을 제한해서 점차 게임 시간을 줄이는 것을 최종 목표로 하되 야외 활동을 하거나 운동을 해서 관심을 다른 것으로 돌리는 것이 좋습니다. 게임 중독은 반드시 막아야 하는 것으로 아이가 게임에 집착할 경우 가정에서 대처하기 어렵다면 빠른 시간 안에 상담 기관을 방문하도록 합니다.

준형이는 요즘 게임에 푹 빠졌습니다. 온라인에서 다른 사람들과 만나서 경쟁하고 아이템을 좋은 것으로 바꾸는 일에 재미가 들렸지요. 게임을 하다가 공부하는 것을 잊어버리는 경우가 생겨서 부모님께 혼도 많이 납니다. 멈추고 싶어도 너무 재밌어서 멈출 수가 없는 준형이. 한 번 시작하면 시간이 후딱 지나가 버려 아주 조금 했다고 생각했는데 두세 시간이 지나 있지요. 준형이도 '게임 중독이 아닐까?' 하는 걱정이 조금씩 됩니다.

컴퓨터가 집집마다 보급되고 인터넷이 발달하면서 컴퓨터로 게임을 하거나 게임기와 휴대 전화 등 전자 기기를 사용해서 하루 종일 게임을 하는 아이들이 많습니다. 이 때문에 과도하게 게임을 해서 게임 중독 증세를 보이기도 합니다. 게임에 중독이 되면 주의력에 치명적으로 작용할 수 있습니다. 흔히 게임 중에 두뇌는 멈추어 있다느니, 마약을 복용한 상태와 같다느니 하는 말을 듣게 되는데 게임에 중독되면 게임을 하지 않는 상황에서도 멍하게 있거나 집중을 하지 못하지요.

컴퓨터 게임은 그래픽이 자극적이고 게임 속에서 어떤 행동을 했을 때 반응이 각양각색으로 나타나기 때문에 아이들의 흥미를 쉽게 끌고 그만큼 빠져들기 쉽습니다. 게임 속에서 자신의 캐릭터를 마음껏 만들어 낼 수 있고 그 캐릭터를 통해 대리 만족을 느낄 수도 있지요. 게임 속에서 레벨을 높여 가면 그만큼의 보상이 주어지기 때문에 레벨을 높이고 아이템을 좋은 것으로 갖추는 것에 빠지기도 합니다. 현실에서 자아 존중감이 낮거나 현실에 회피하고 싶은 어려움이 있는 경우,

다른 사람들과의 사회적인 관계가 만족스럽지 않은 경우 게임에 더 빠질 수 있습니다. 그래서 우울감이 큰 아이들이 게임 중독인 경우가 많고 게임은 다시 우울감을 증폭시켜서 악순환이 되므로 주의해야 합니다. 게임 안에서는 내가 원하는 모습으로 캐릭터를 창조할 수 있기 때문에 현실에서 욕구가 충족되지 않는 아이들에게는 매우 매력적인 것이지요.

우리 아이들이 게임에 중독되면 수면 시간을 이용해서 게임을 하기 때문에 수면 부족에 시달리게 되고 만성적인 피로감에 시달립니다. 멍하게 있거나 가상의 세계에 몰두해서 학교에 적응을 잘하지 못해 문제가 되는 경우도 있습니다. 또 장시간 안 좋은 자세로 게임을 하다 보면 척추에 이상이 생기기도 하지요. 게임을 하다가 사망하는 사례도 언론 보도를 통해 접하게 되는데 게임 중독은 참으로 무서운 결과를 낳습니다.

우리 자녀는 어느 정도로 게임에 몰두하고 있을까요? 게임에 중독되는 아이들의 경우 게임에 무방비 상태로 노출된 경우가 많습니다. 자녀와 함께 다음 게임 중독 체크 리스트에 체크해 보고 게임 중독이 의심되면 적극적으로 대처하는 것이 필요합니다.

부모 수첩 • 05 | 게임 중독 체크 리스트

1. 게임 안에서의 생활이 실제 내 생활보다 좋다. ☐

2. 게임 속의 내가 실제의 나보다 좋다. ☐

3. 게임에서 사귄 친구들이 실제 친구들보다 더 좋다. ☐

4. 밤늦게까지 게임을 하고 시간 가는 것이 아깝다. ☐

5. 게임을 해야 해서 다른 일을 할 수 없다. ☐

6. 게임 시간이 점점 늘어난다. ☐

7. 게임을 하지 말아야지 하고 결심해도 다시 게임을 하게 된다. ☐

8. 게임 생각 때문에 공부에 집중이 안된다. ☐

9. 게임을 하지 않으면 불안하다. ☐

10. 누가 게임을 못하게 하면 화가 나고 짜증이 난다. ☐

체크한 항목이 네 개 이하라면 게임 시간을 조절해서 게임 중독이 되지 않도록 노력하는 것이 중요합니다. 만약 다섯 개 이상 표시되었다면 자녀와 함께 생활의 전반적인 패턴을 살펴보고 개선점을 찾아 게임 시간을 적극적으로 조절하는 연습을 해야 합니다. 실제 게임하는 시간이 눈에 보이게 구체적으로 표시하고 아이 스스로 문제를 인식할 수 있도록 하는 것이 무엇보다 필요합니다. 게임 시간 조절 계획을 세우고 게임 시간을 제한해서 점차 게임 시간을 줄이는 것을 최종 목표로 하되 야외 활동을 하거나 운동을 해서 관심을 다른 데로 돌리는 것이 좋습니다. 게임 중독은 반드시 막아야 하는 것으로 아이가 게임에 집착할 경우 가정에서 대처하기 어렵다면 빠른 시간 안에 상담 기관을 방문하도록 해야겠습니다.

Chapter 5

우리아이
이럴땐 어떻게 할까?
: 신경 쓰이는 친구 관계

친구와 관계를 맺을 때 어떤 기준에 따라 가려 가며 도움이 될 만한 친구만을 사귀도록 가르치는 것은 좋지 않습니다. 아이들은 성장하는 과정에 있기 때문에 앞으로 어떤 가능성을 보일지 모르는 일이지요. 다양한 친구를 사귀면서 친구와 함께 성장할 수 있는 좋은 관계를 맺을 수 있도록 도와주어야 합니다.

정윤이와 소현이는 어렸을 때부터 친하게 지낸 단짝 친구입니다. 함께 어울릴 시간이 많다 보니 같은 것을 배우고 함께해 볼 기회도 많이 가졌지요. 하지만 이사를 하는 바람에 이제는 함께 배울 기회가 거의 없어졌습니다. 둘은 학년이 올라갈수록 좋아하고 잘하는 것이 서로 달라졌지만 그래도 여전히 서로 잘 통하고 가장 잘 이해해 줄 수 있는 친구라며 꼭 대학에 합격해서 둘이서 여행을 가기로 약속했지요. 그리고는 좋은 정보가 있으면 서로에게 알려 주고 학교는 다르지만 좋은 성적을 내기 위해 서로를 격려하며 선의의 경쟁을 하기로 약속했습니다.

아이들에게 있어 친구들의 존재와 역할은 많은 비중을 차지하고 서로에게 미치는 영향이 상당하지요. 학년이 올라갈수록 아이들은 부모보다 친구들과 더 많은 시간을 보내고 싶어 하고 정서적인 공감대를 형성하면서 더욱 친밀한 관계를 맺게 됩니다. 한편 4~6학년으로 올라갈수록 많은 수업들이 모둠별로 이루어지고 같은 모둠의 아이들끼리 자료를 조사하거나 토론을 하고 공동 작품을 만드는 일이 많아집니다. 또한 방과 후에 그룹별 과외 수업이나 토론식 수업을 받는 일이 많아지다 보니 친구들과 함께하는 공부가 더욱 늘어나게 됩니다. 친구와 함께 시간을 보내면서 즐거운 추억을 만들고 서로 성장하는 데 긍정적인 영향을 줄 수 있다면 일석이조이겠지요.

사실 1~3학년 때에는 친구 사귀는 일에 엄마들이 나서서 관계를 맺어 주기도 하고 좋은 관계를 유지할 수 있도록 중재를 해 주기도 하는 등 친구 관계 형성에 적극적으로 도와주는 일이 많습니다. 1~3학년 아이들은 친구 사귀는 일이 서툴고

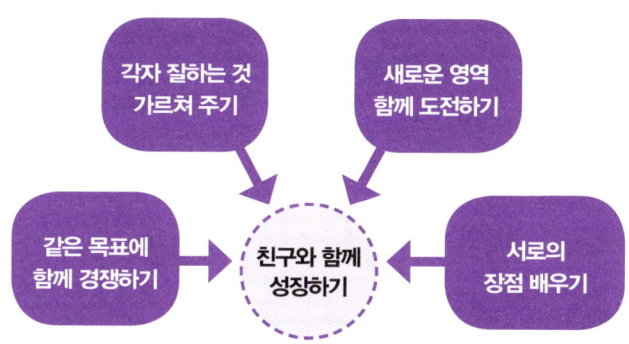

아직 감정 조망이 잘되지 않아 친구랑 다투는 일이 많은 반면, 화해하는 방법은 잘 모르기 때문에 아이들도 엄마가 나서 주길 바라고 기대하지요. 그러나 4~6학년이 되면 아이들은 친구 관계에 엄마가 나서거나 개입하는 것을 싫어하게 됩니다. 엄마가 간섭을 한다거나 통제를 한다고 생각하기 때문이지요. 어떤 친구와 어울리고 누구와 친하게 지내는지의 영향력은 1~3학년보다 4~6학년 때 많이 작용하기 때문에 부모님의 중재가 더 필요한 시기인데도 말이지요. 따라서 엄마의 관심이 통제와 간섭이라고 느끼지 않게끔 하면서 아이의 친구 관계에 세심하게 관심을 가져 주고 친구끼리 서로 좋은 영향을 주고받을 수 있도록 도와주어야 합니다.

친구끼리 서로에게 각자가 잘하는 것을 가르쳐 줄 수 있는 기회 만들어 주기

친구에게 내가 잘하는 것을 가르쳐 주게 되면 배우는 아이는 물론 가르치는 아이도 긍정적인 교육 효과를 얻을 수 있습니다. 누군가에게 내가 알고 있는 것을 가르치려면 그것을 정확하게 알고 있어야 설명해 줄 수 있습니다. 그리고 가르치기를 하려면 자신이 알고 있는 내용을 조직화하여야 두서없이 설명하지 않게 되지요. 또한 가르치면서 자신도 다시 한 번 배우는 기회가 됩니다.

친구끼리 새로운 영역을 함께 도전하도록 지도하기

다소 소극적이거나 내성적이어서 새로운 것을 혼자 배우기를 꺼려 하는 아이들은 친구와 함께해 볼 기회를 가진다면 배울 용기가 생기게 됩니다. 답사나 체험 학습을 보내고 싶어도 아이가 돌아다니는 것을 별로 좋아하지 않고 소극적이어서 가고 싶어 하지 않는 경우라도 좋아하는 친구와 함께 가게 하면 즐거운 답사가 될 수 있지요. 또한 아이들은 자신이 좋아하는 것과 잘하는 것만 하려 하고 잘하지 못하는 것은 하지 않으려 합니다. 이런 때에 친구와 함께 새로운 것을 배우기를 시도한다면 아이는 친구랑 함께한다는 것만으로도 즐거운 감정으로 참여하게 되고 배우는 과정에서도 즐거운 마음으로 받아들이게 될 것입니다.

친구끼리 같은 목표를 두고 선의의 경쟁을 할 수 있게 해 주기

친구끼리 경쟁을 하는 것은 서로의 능력을 최대로 끌어올려 더 집중하게 하고 성취도를 높이는 데 긍정적인 역할을 합니다. 한자 급수 시험을 같이 준비한다거나 매일 30분씩 줄넘기하기와 같이 친구와 함께 정한 목표에 도전하면서 함께 노력할 수 있는 기회를 갖고 인내할 수 있는 힘도 기를 수 있습니다. 이때 부모들이 아이들의 경쟁심을 지나치게 부추겨서는 안 됩니다. 경쟁심이 너무 지나치게 되면 오히려 친구를 미워하게 되고 친구 관계를 깨뜨릴 수 있기 때문입니다. 또한 친구끼리 비교하는 말을 하는 것도 좋지 않습니다. 아이에게 자극을 주려는 의도로

'…까지 했다더라'라고 말하는 것은 열등감이 생기게 하고 아이에게 큰 상처가 될 수 있습니다. 서로 앞다투어 가려는 경쟁이 아니라 서로 열심히 하려고 노력하면서 격려하는 것을 배울 수 있도록 해 주어야 하겠지요.

친구에 대한 칭찬 일기 써 보도록 지도하기

요즘은 일기도 다양한 주제에 대해 쓰도록 배웁니다. '자신이 좋아하는 애완동물에 관해서, 낮에 재밌게 읽었던 책에 대해서, 만일 투명인간이 된다면?'과 같이 매우 다양한 주제로 일기를 쓸 수 있습니다. 가끔씩은 내 친구 칭찬하기를 주제로 일기를 써 봅니다. 어떤 칭찬거리를 일기에 적을까 생각하면서 내 친구의 장점에 대해 생각해 볼 기회가 생기게 됩니다. 또한 친구의 장점을 찾으려 하다 보면 친구를 대할 때 긍정적인 면을 먼저 보는 시각을 갖게 되고 그러한 장점을 본받으려는 마음이 생기게 됩니다.

아이들은 모방하기를 좋아합니다. 특히 좋아하는 친구의 모습을 닮고 싶어 하고 따라 하고 싶어 하지요. 그렇기 때문에 부모들은 내 아이의 성격과 비슷하고 도움이 될 만하다고 생각되는 친구들과만 친하게 지내기를 바랍니다. 그러나 친구와 관계를 맺을 때 특정 기준에 따라 가려 가며 도움이 될 만한 친구만을 사귀도록 가르치는 것은 좋지 않습니다. 아이들은 성장하는 과정에 있기 때문에 앞으로 어떤 가능성을 보일지 모르는 일이지요. 다양한 친구를 사귀면서 친구와 함께 성장할 수 있는 좋은 관계를 맺을 수 있도록 도와주어야 합니다.

PART 7

공부 잘하기를 위한
부모의 역할

4~6학년 아이들이 학습에 집중할 수 있도록 부모가 옆에서 도와주어야 합니다.
또한 이 시기 아이의 발달적 특성이나 장래 희망 등에 대해서
관심을 가지고 지켜봅시다.

Chapter 1

고학년 자녀의 발달적 특성을 이해한다

사춘기의 심리적인 문제들을 해결하는 데는 적절한 훈육이 최선일까요? 사춘기의 심리적인 문제들은 신체적 변화와 함께 일어나고 신체적인 건강이 심리적인 부분에도 영향을 미치기 때문에 적절하게 수면하고 있는지, 영양 섭취는 골고루 되고 있는지 등의 신체 건강을 반드시 체크해 보아야 합니다.

5학년 유미는 요즘 사춘기인 것 같습니다. 여러 가지 신체 변화도 점점 생겨나고 있지요. 이런 신체 변화에 대해서 부모님으로부터 미리 지도를 받았기 때문에 유미는 변화가 놀랍기는 하지만 당황스럽지는 않습니다. 하지만 사춘기에 겪는 짜증나는 기분이나 마음의 변화에 대해서는 어찌 해야 할지 잘 모르겠지요. 오늘도 유미는 엄마에게 짜증을 부렸고 엄마는 유미에게 '어지간히 하지 왜 그렇게 유난이냐'라고 화를 내고 나갑니다. 짜증을 내고 나면 많이 후회되고 부모님과의 관계도 멀어지는 것 같아 유미는 마음이 안 좋습니다.

사춘기는 신체적으로도 심리적으로도 가장 큰 변화가 오는 시기입니다. 특히 심리적인 변화를 겪고 있는 자녀와 부모 사이에 발생하는 갈등이 최고조에 이르게 되어 가족 내의 큰 문제로 대두되지요. 사춘기에 겪게 되는 일반적인 현상들은 어떤 것들이 있을까요? 사춘기의 변화에 대해서 막연하게 알고 있어 자녀의 행동이 이해가 잘되지 않아 부모는 부모대로 아이는 아이대로 힘든 경우가 많습니다. 사춘기에 자녀가 겪게 되는 여러 가지 현상들에 대해 부모와 자녀가 구체적으로 이해해서 갈등을 최소화하는 것이 중요하지요.

사춘기는 어른이 되어 가는 관문입니다. 아이 스스로 본인이 어른인지, 아직은 보호받고 싶은 아이인지 알 수 없는 시기이지요. 부모가 간섭한다고 생각할 때에는 본인도 이제 다 컸다고 주장하고 부모가 관심을 주지 않으면 짜증을 내거나 토라져 버립니다. 그렇기 때문에 부모의 입장에서도 어떻게 대해 주어야 할지 헷갈리지요. 사춘기 자녀는 독립적이고 어른처럼 행동하고 싶어 하기 때문에 부모로부터 독립된 개체로 인정받고 싶은 욕구가 커집니다. 부모는 사춘기 자녀가 독립적으로 행동하는 것을 인정해 주되 충분히 칭찬하고 격려하는 것이 필요합니다.

사춘기는 가장 '반항적'이라고 할 수 있는 시기입니다. 이 시기의 아이들은 '나는 누구인가'에 대한 답을 얻기 위해 모든 것을 부정하기 시작합니다. 특히 사춘기 이전에 부모의 일방적인 양육과 지도에 의해 생활하고 있던 것에서 이제는 '자신'을 찾기 위해 반항적인 행동을 시작하는 것이지요. 반항의 방식은 개인마다 다르고 그 수준도 차이가 납니다. 그런데 공통적으로 아이들이 느끼는 것은 부모가 일방적으로 결정하는 것에 대해서 크게 거부감을 느낀다는 것입니다. 그렇기 때문에 올바른 행동에 대한 지도를 지루한 설교로 듣게 되는 것이지요. 부모의 입장에서는 맞는 말을 하는 것이어도 아이는 결코 있는 그대로를 받아들이지 못합니다. 그러므로 중요한 결정을 할 때는 아이와 함께하고 스스로 결정한 것에 대해서는 책임을 지도록 하는 것이 중요합니다.

사춘기의 심리적인 문제들을 해결하는 데는 적절한 훈육이 최선일까요? 사춘기의 심리적인 문제들은 신체적 변화와 함께 일어나고 신체적인 건강이 심리적인 부분에도 영향을 미치기 때문에 적절하게 수면하고 있는지, 영양 섭취는 골고루 되고 있는지 등의 신체 건강을 반드시 체크해 보아야 합니다.

적절한 영양 섭취

적절한 영양 섭취는 신체 성장이 급등하는 사춘기에 필수 요소이지요. 그런데 외모를 중시하는 사춘기가 되면 고른 영양 섭취에 어려움이 생길 수 있습니다. 사춘기에 더욱 필요한 영양소는 성장에 필요한 칼슘우유와 유제품, 여자 아이인 경우에는 생리로 인해 혈액 손실이 있으므로 철분붉은 고기, 달걀, 콩, 시금치, 채소를 싫어하는 섭식 습관과 관련하여 비타민 A황록색 과일과 채소입니다. 그리고 아침 식사를 거르지 않고 간식과자 등을 줄이는 것이 좋지요.

규칙적인 수면

사춘기에 접어들면서 늦잠을 자게 되는 등 수면 패턴이 깨지는 경우가 많습니다. 특히 사춘기에는 멜라토닌수면을 주관하는 호르몬이 많이 분비되는 시간이 더 어릴 때나 성인보다 두 시간 정도 늦어지기 때문에 늦잠을 자게 되기 쉽습니다. 너무 늦은 취침 시간은 부족한 수면을 더욱 부족하게 만들므로 취침 시간이 늦지 않도록 해야 합니다.

꾸준한 운동

운동은 신진대사를 활발하게 하고 혈액 순환을 돕는 등 건강을 유지하는 데 큰 도움이 됩니다. 또 긴장감이나 우울, 불안 등을 완화시키는 등 심리적으로도 건강을 증진시키는 효과가 있지요. 건강한 몸을 갖게 되면 자존감이 높아지게 됩니다. 운동은 사춘기 시기의 자녀들에게 큰 도움이 되는 것이지요. 운동은 어떻게 보면 사춘기를 건강하게 보낼 수 있는 가장 중요한 요소 중 하나일 것입니다. 운동은 땀을 내어 매일 하루 30분 이상 꾸준히 하는 것이 가장 이상적인데 여의치 않은 경우 적어도 주 3회 이상은 운동을 하도록 하는 것이 좋습니다.

Chapter 2

공부방을
개혁한다

아인슈타인은 '어수선한 책상은 어수선한 정신을 반영한다'라고 했지요. 책상 위는 항상 정리 정
돈되어 있도록 하는 것이 좋습니다. 책상 위에는 공부와 관련이 없는 책, 장난감 등을 올려놓지
않도록 하는 것도 중요합니다. 공부하다가 보고 싶은 책이나 장난감이 눈에 띄면 당연히 그쪽으
로 주의가 분산되니까요.

정수의 방은 만화책으로 가득합니다. 고개만 돌리면 만화책이 눈에 띄지요. 정수는 공부를 하다 말고 만화책이 눈에 들어오면 바로 만화책을 집어 들고 뒤적입니다. 그러다가 당초 목표였던 공부는 잊은 채로 만화책 삼매경에 빠져들고 말지요. 부모님은 정수의 이런 습관에 항상 화가 납니다. 공부하는 도중에 만화책을 읽지 말라고 그렇게 이야기해도 듣는 것은 잠깐 뿐이고 며칠이 지나면 다시 똑같은 모습이지요. 정수의 이런 습관, 어떻게 고칠 수 있을까요?

공부를 잘하는 데는 주변에 있는 수많은 요소들이 영향을 미칩니다. 공부를 하는 환경도 큰 영향을 미치는 것 중 하나이지요. 공부를 열심히 하는 것 같은데도 결과가 만족스럽지 않다면 집중해서 공부를 잘할 수 있는 환경이 마련되어 있는지 점검해 보아야 합니다. 공부 환경을 생각할 때 가장 먼저 떠오르는 것은 책상입니다. 1~3학년 때는 거실, 주방 등 아무 곳에서 책을 펼쳐 놓고 공부하는 경우가 많았지요. 4~6학년이 되면 공부하는 공간을 일정하게 정해 놓는 것이 좋습니다. 특히 곧 중학생이 되는 6학년은 공부의 난이도가 이전 학년에 비해 높아지기 때문에 더욱 몰입해서 공부할 수 있는 환경이 필요합니다. 공부하는 장소를 바꾸지 않고 책상에 앉아 공부하는 습관을 들여야 하지요.

책상은 어떻게 정리할까요? 책상이 지저분하고 정리 정돈되어 있지 않으면 아이의 머릿속도 똑같이 정리되어 있지 않은 것과 같습니다. 아인슈타인Albert Einstein은 '어수선한 책상은 어수선한 정신을 반영한다'라고 했지요. 책상 위는 항상 정리 정돈되어 있도록 하는 것이 좋습니다. 책상 위에는 공부와 관련이 없는 책, 장난감 등을 올려놓지 않도록 하는 것도 중요합니다. 공부하다가 보고 싶은 책이나 장난감이 눈에 띄면 당연히 그쪽으로 주의가 분산되니까요.

공부와 관련 없는 물건 과감히 없애기

공부 환경을 잘 갖추기 위해서는 공부방에서 과감히 없애야 할 물건들이 있습니다. 공부방에는 PC, 만화책, 게임기 등 공부에 도움이 되지 않는 물건들을 없애야하지요. 사춘기가 되면 혼자 있고 싶은 마음이 커지면서 공부할 때도 방문을 닫고하는 것을 좋아합니다. 혼자 있다 보면 책상 위뿐 아니라 공부방의 다른 곳에 공부와 관련 없는 물건이 있을 때 쉽게 놀고 싶어지는 마음이 생길 수 있습니다. 그러므로 공부와 관련 없는 물건들은 공부방 밖으로 치워서 공부에 더 집중할 수 있도록하는 것이 좋습니다. 또 방 안에 가구가 너무 많거나 꽉 차 있는 느낌이 들지 않도록 필요 없는 가구를 없애고 방 전체의 분위기를 깔끔하게 하는 것도 필요합니다.

소음 관리하기

좋은 공부 환경을 갖추기 위해서는 소음 관리 또한 필요합니다. 청각적인 자극은 주의를 쉽게 분산시키기 때문입니다. 공부나 일에 집중하고 있어도 멀리서 누군가의 대화 속에 자신의 이름이 나오면 귀가 번쩍 뜨이는 것처럼 청각은 매우 예민하지요. 특히 주의 집중에 어려움이 있거나 정서적인 어려움을 갖고 있는 경우에는 청각적인 자극이 더욱 예민하게 받아들여질 수 있습니다. 공부를 하는데 라디오에서 재밌는 이야기나 좋아하는 음악이 나오면 공부보다는 라디오 소리에 집중하게 되지요. 그렇기 때문에 라디오를 듣거나 음악을 들으며 공부를 하지 않는 것이 중요한 것입니다. 멀리서 들려 오는 텔레비전 소리도 공부의 집중에 방해되는 요소입니다. 또 혼자서 공부하고 있는데 밖에서 가족들이 신나게 웃고 떠들거나 싸우고 있다면 공부에 집중할 수 없게 되겠지요. 공부 중에는 소음이 최소한으로 되도록 관리를 하는 것이 필요합니다.

온도와 공기 관리하기

공부 중에는 너무 춥지도 너무 덥지도 않게 적정 온도18~21도를 유지시켜 주는 것이 좋습니다. 공부 중 또는 쉬는 시간마다 창문을 열어 환기를 자주 해 주는 것도 매우 중요하지요. 산소는 뇌의 활동을 원활하게 해서 공부하는 데 도움이 됩니다. 환기를 하지 않으면 공기가 탁해져 졸음을 유발합니다. 멍한 상태로 공부에 집중하지 못하게 하지요. 그러므로 공부 중 환기를 자주 해 주는 것이 좋습니다.

4~6학년들은 자신의 방에 대하여 애착을 갖게 되면서 방에 대한 개입을 간섭으로 느낄 수 있습니다. 공부 환경을 관리하는 것에 대해 아이에게 납득할 만한 설명을 하고 아이가 스스로 공부방을 개혁하는 데 참여하도록 하는 것이 중요하지요.

부모 수첩 · 06 | 공부방 개혁하기

1. 공부방을 항상 깨끗하게 정리합니다.

2. 책상 위에는 공부와 관련 없는 장난감 등을 올려놓지 않습니다.

3. 공부방에서 컴퓨터, 텔레비전 등 유혹받기 쉬운 물건을 과감하게 없앱니다.

4. 공부 중에는 필요한 교재와 필기도구만 꺼내어 쓰도록 합니다.

5. 쉬는 시간에는 반드시 환기를 합니다.

6. 공부 시간에 불필요한 소음을 통제합니다.

Chapter 3

청결 관리,
무엇보다
신경 써야한다

아이들의 신체적 변화에 당황한 나머지 아이를 앉혀 놓고 성에 대한 지식을 전달하려고 하기보다는 신체 변화는 어른이 되기 위한 자연스러운 과정임을 강조해 주고 우리 딸이 혹은 우리 아들이 건강하게 자라 주고 있다는 증거라는 것을 알려 주고 그래서 엄마, 아빠가 너무 자랑스럽게 생각하고 있음을 전달해 주도록 합시다.

현지 엄마는 오랜만에 현지와 목욕탕에 갔다가 흠칫 놀랐습니다. 어느새 현지의 가슴이 봉긋 올라왔기 때문이지요. 언젠가 가슴이 뻐근하다는 현지 이야기를 듣고 어딘가에 부딪혀서 그런가 보다 하고 흘려 넘겼던 기억이 떠올랐습니다. 현지의 신체적 변화에 처음엔 솔직히 당황했지만 '현지가 어느새 점차 여성이 되어 가는구나' 하는 마음에 울컥하는 감동을 느낀 현지 엄마. 목욕을 마치고 현지와 현지 엄마는 속옷 매장에 가서 예쁜 그림이 그려진 브래지어를 구입했습니다. 현지가 이걸 꼭 해야 하냐고 투덜대며 브래지어를 이리저리 당기는 것을 물끄러미 보면서 현지 엄마는 '이제 시작이구나' 하는 생각을 했습니다.

신체의 성장과 발달은 개인별, 남녀별로 차이가 많이 나긴 하지만 요즘은 더욱 아이들의 성장이 빨라져 4학년쯤 되면 초경을 하거나 2차 성징을 보이는 경우가 많이 나타납니다. 또 외모에 관심이 많아지고 성적인 호기심이 생기게 되며 이성에 대한 관심도 커지게 되지요. 아이의 몸에서 서서히 변화가 일어나고 있다는 것을 아는 순간 당황하는 것은 아이와 부모 양쪽 모두 마찬가지일 것입니다. 성숙이 빠르거나 체격이 큰 딸아이를 둔 엄마들의 경우에는 이제나저제나 혹시 생리를 시작하지는 않을까 하고 항상 준비 자세에 돌입하지요. 속옷을 준비해 놓고 첫 생리를 시작하는 날에 엄마와 아빠가 해 주어야 할 일에 대해서 미리 알아 두고 말입니다. 단단히 준비 자세를 갖추고 있었다 해도 딸아이가 화장실에서 나오며 '엄마, 나……' 하고 말 한마디를 던지는 순간 '아, 올 것이 왔구나!' 하고 긴장된 한숨이 터져 나오게 되지요. 같은 여성으로서 앞으로 몇 십 년 동안 매달 겪을 괴로움에 대한 엄마의 감정 이입과 함께 아직 어린 딸이 제대로 뒤처리를 잘할 수 있을까 하는 걱정 등 만감이 교차합니다.

이 시기쯤 되면 많은 아이들이 한두 번쯤은 사춘기의 변화와 성에 대한 책을 찾아 읽고 좀 더 많은 정보를 갖고 있는 친구들로부터 이야기를 듣기도 하지요. 학교에서 5~6학년들은 보건 시간에 좀 더 구체적인 내용으로 성교육을 받을 수 있고 4학년들은 체육 시간에 담임 선생님으로부터 기초적인 성에 대한 지식 정도를 배우게 됩니다. 아이들의 대화에도 '쟤, 그거 시작했대' '누군 벌써 브래지어 한대' '누구 목소리는 완전 아저씨 같지 않니?' 하며 또래들의 변화에 대해서 관심을 갖고 자신들에게 올 변화에 대해서도 기대를 하게 되지요. 그러나 막상 자신의 몸에 변화가 생겼을 때는 당황하거나 겁을 먹기도 하고 부끄러워 부모에게 숨기는 경우가 발생합니다. 이때 아이들이 자신들의 신체 변화에 대해 부정적인 인식과 감정을 갖지 않도록 해 주는 것이 무엇보다 중요합니다. 4학년쯤 되면 생리를 시작하게 되고 몽정을 하게 될 수 있다는 것을 머릿속으로 아는 것과 실제로 자신의 몸에서 분비물이 나오는 것을 느끼는 것, 자신도 모르는 사이에 축축해진 팬티를 경험하는 것은 너무도 큰 차이가 있으며 아이들이 아무렇지도 않게 받아들이기엔 분명 힘든 과정일 것입니다. 또 그런 느낌과 변화에 적응이 될 때까지는 많은 시간이 걸리지요.

아이들의 신체적 변화에 당황한 나머지 아이를 앉혀 놓고 성에 대한 지식을 전달하려고 하기보다는 신체 변화는 어른이 되기 위한 자연스러운 과정임을 강조해 주고 우리 딸이 혹은 우리 아들이 건강하게 자라 주고 있다는 증거라는 것을 알려 주고 그래서 엄마, 아빠가 너무 자랑스럽게 생각하고 있음을 전달해 주도록 합시다.

그러고 나서 각 변화에 대해 어떻게 대처해야 하는지, 자신의 몸을 청결하게 유지

하기 위해 어떤 부분을 신경 써야 하는지에 대해서 자세하게 알려 주어야 합니다.

청결하게 몸을 가꿀 수 있도록 지도하기

① 속옷에 신경 쓰기

- **브래지어 구입하기** : 여자 아이들은 젖멍울이 생기다가 점차 가슴이 커지게
  됩니다. 봉긋해진 가슴이 부끄러워 몸을 움츠리는 경우가 많으므로 자신 있
  게 등과 어깨를 펴고 다닐 수 있도록 지도합시다. 아이의 가슴 크기에 따라 브
  래지어를 준비해 주되 아이가 좋아할 만한 예쁜 속옷을 사 주어서 자연스럽
  게 적응할 수 있도록 해야겠습니다.

- **위생 팬티 구입하기** : 흡수력이 아무리 좋은 생리대라 해도 아이들은 아직 관
  리하는 것이 서툴기 때문에 겉옷에 묻어 곤란해지는 일이 없도록 생리 중에
  는 새어 나오지 않는 위생 팬티를 입도록 합니다.

- **삶을 수 있는 속옷 넉넉히 준비하기** : 여자 아이들은 생리 시작 전에 분비물
  이 많아지고 남자 아이들의 경우에는 기름기가 많아지고 팬티를 적시는 일이
  있으므로 속옷을 자주 갈아입게 해 줍니다. 속옷은 삶아 빨아 위생 관리를 철
  저히 해 주어야지요.

② 목욕 용품과 피부 용품에 신경 쓰기

분비물이 많아지는 만큼 샤워를 자주 하도록 하되 이때 자칫 피부가 건조해질 수 있으므로 청결과 보습을 함께 해 줄 수 있는 목욕 용품을 구입합니다. 피부 노폐물을 깨끗이 닦아 낼 수 있는 세안제로 여드름을 조기에 예방해 주고 외출 시에는 어린이용 자외선 차단제를 꼭 바를 수 있도록 해 줍시다.

③ 균형 잡힌 식사 제공하기

2차 성징을 보이면서 남자아이들은 키가 훌쩍 크고 체격도 커지게 되지요. 여자아이들은 골반이 커지면서 엉덩이도 커지게 됩니다. 신체 변화에 민감한 아이들은 살이 찐 것 같다며 일부러 식사량을 줄이기도 합니다. 균형 잡힌 음식으로 제때 끼니를 챙기고 부족한 영양은 간식으로 챙겨 먹도록 해야 신체가 골고루 발육할 수 있지요. 아이들이 좋아하는 기름진 음식이나 인스턴트 음식들은 여드름을 악화시키는 요인이 되므로 주의해야 합니다.

Chapter 4

내 아이에게
장래 희망이 있을까?

이 시기 아이들의 진로 선택은 절대적인 것이 아니어서 성장하는 동안 자주 바뀌고 수정됩니다.
아이들과 직업에 대한 다양한 정보를 함께 찾아보고 직업 세계를 직접 체험해 볼 수 있는 프로그
램에 참여하도록 해서 아이들의 자유로운 사고와 능력을 키울 수 있도록 해 주면 더욱 좋습니다.
아이의 꿈이 자주 바뀌더라도 걱정하지 않도록 합시다.

찬영이는 어렸을 때부터 학교 선생님이 되고 싶은 꿈을 갖고 있었습니다. 그런데 어느 날 미래에는 사이버 공간에서 수업이 이루어지게 되고 그렇게 되면 지금처럼 교사가 많이 필요하지 않을 것이라는 글을 읽게 되었지요. 찬영이는 처음에는 당황스러웠지만 충분히 가능성이 있는 이야기라는 생각이 들었습니다. 그리고 자신이 잘 모르는 신종 직업들에 대한 궁금증이 생겼고 이번 기회에 여러 직업들에 대해서 알아보고 싶은 마음이 들어 엄마에게 말을 했지요. 찬영 엄마는 좋은 생각이라며 방학을 이용해서 직업에 대한 탐색을 해 보자고 제안했습니다.

 초등학교 아이들은 다양한 분야를 경험하면서 흥미나 능력 등을 계발하는 과정에 있습니다. 초등 1~3학년 때나 그보다 일찍 시작한 조기 교육, 즉 음악, 미술, 체육, 과학, 영어 등을 배우고 경험하면서 아이들이 흥미로워하는 분야와 잘할 수 있는 분야가 조금씩 눈에 띄기 시작하지요. 그러다가 4학년쯤 되어 학습과 관련된 학원들을 추가로 다니기 시작하게 되면 상대적으로 시간이 부족하게 되고 엄마들은 기존에 다녔던 학원들 중에서 가지치기에 들어가게 됩니다. 이때 아이들이 좋아하거나 실력이 느는 데 도움이 되었다고 생각되는 학원들은 유지하고 그렇지 않은 학원들은 그만두게 하지요. 또 새롭게 관심이나 흥미가 생기는 분야에 대한 것을 배울 기회를 갖기도 하고 아무리 바빠도 아이가 좋아하는 분야는 꾸준히 유지할 수 있도록 노력합니다. 이런 과정을 통해 아이들의 진로를 결정할 수 있는 토대가 되는 '적성'을 점차 계발해 나가게 되지요.

자신의 미래에 대해 고민해 보고 어떤 직업을 갖고 싶은지에 대해 미리 생각하는 아이와 아무 생각이 없는 아이는 그만큼 목표 의식이나 동기에서 차이가 있을 수밖에 없습니다. 자신에게 적합한 직업을 선택하고 행복한 삶을 살아가기 위해서는 어려서부터 직업의 세계를 알고 준비하는 활동이 필요합니다. 요즘은 학교에서도 진로 교육의 필요성을 인식하고 교과 과정과 연결하여 진로 교육을 실시하기도 하지만 무엇보다도 아이의 미래를 설계하는 일이니만큼 부모가 아이의 진로 탐색에 나서 주어야 하지요.

진로 탐색을 위한 활동들

① 미래의 나의 모습은?

5년 후, 10년 후, 30년 후 미래의 모습에 대해 상상해 보고 꿈꾸어 보는 활동입니다. 각 시점에서 내가 하고 싶은 일은 무엇이고 되고 싶은 사람은 무엇인지에 대해 자세하게 생각해 봅니다.

미래의 나의 모습

연도	나이	하고 싶은 일	되고 싶은 사람
2040년 (30년 후)	41세	디자인 회사에서 디자인 개발	캐릭터 디자인 개발자
		내 디자인으로 상품 만들기	디자인학과 교수

② 직업 카드 만들어 보기

여러 종류의 직업들에 대해 조사하고 관심 있는 직업에 대해 자세히 알아보는 활동입니다. 신문이나 인터넷 검색, 직업 정보 사이트 등을 통해 직업의 종류를 알아보고 주로 하는 일, 일하는 장소, 관련 학과 등에 대해 알아봅니다. 종이를 일정한 크기로 잘라 하나의 직업 정보를 담은 카드를 만듭니다. 직업 카드를 만든 후에는 직업 이름 알아맞히기 게임을 해 볼 수도 있습니다.

직업 카드 만들기 : 제과 제빵사

무슨 일을 하나요?	빵을 전문으로 만드는 제빵사와 케이크나 파이들을 만들고 장식하는 제과사로 구분된다.
어디에서 일하나요?	빵집이나 프랜차이즈 베이커리 업체의 본사 공장이나 가맹점, 호텔의 제과부 등에서 근무한다.
어떻게 될 수 있나요?	사설 학원에서 훈련 과정을 이수하거나 제과, 제빵사의 보조로 취업하여 기술을 습득할 수 있다. 또는 대학에 진학하여 전문 지식과 기술을 익힐 수 있다. 관련 자격증을 취득한다.

진로 탐색 지도 시 주의 사항

① 직업에 대한 올바른 가치를 형성할 수 있도록 도와주기

자신의 관심과 적성을 고려하지 않은 채 돈을 많이 벌 수 있는 일이나 인기를 많이 얻을 수 있는 일이 직업 선택의 기준이 되어서는 안 된다는 것을 알려 주어야 합니다. 아이들이 좋다고 하는 직업이 별로 돈을 잘 벌 수 있는 일이 아니거나 사회적으로 인정받는 일이 아니라고 생각되어 아이가 다른 일을 꿈꾸기를 기대하고 종용해서도 안 되겠지요. 부모의 직업에 대한 편견과 가치관을 아이들에게 고스란히 물려주지 않아야 합니다.

② 적성을 파악하는 일에 서두르지 않기

아이의 적성을 파악해서 빨리 그것을 키워 주어야겠다는 조급함보다는 아이를 꾸준히 관심 있게 관찰하는 것이 중요합니다. 아이의 흥미를 유발할 수 있는 전시회, 미술관, 과학관 등을 방문하여 다양하게 경험하고 체험할 수 있는 기회를 제공해 주는 것이 좋습니다. 그러다 보면 우리 아이가 어느 분야에 좀 더 관심을 갖고 어느 분야에 소질이 있는지를 파악할 수 있으며 아이 스스로도 자신의 흥미와 적성에 대해 깨닫게 되지요.

③ 꿈이 자주 바뀌거나 특별히 관심 있는 직업이 없다 해도 걱정하지 말기

이 시기 아이들의 진로 선택은 절대적인 것이 아니어서 성장하는 동안 자주 바뀌고 수정됩니다. 아이들과 직업에 대한 다양한 정보를 함께 찾아보고 직업 세계를 직접 체험해 볼 수 있는 프로그램에 참여하도록 해서 아이들의 자유로운 사고와 능력을 키울 수 있도록 해 주면 더욱 좋습니다.

Chapter 5

가족 토론을 통해 협동 학습에 익숙해진다

협동 학습은 학업 성취에 도움이 됩니다. 모둠 안에서 다른 친구들의 모습을 보며 모델링을 할 수도 있고 맡은 역할에 최선을 다해서 노력하다 보면 더 좋은 학업 성취에 도움이 되지요. 또 잘 못하는 친구들을 도와주면서 학습 내용적으로 보면 복습을 하는 효과도 있습니다. 또한 자신의 의견이나 감정을 표현하며 상호 작용하는 법도 배웁니다.

영석이는 오늘 미술 시간에 모둠별로 공동 그림 그리기를 하였습니다. 다른 모둠의 친구들은 협동도 잘되고 각자의 의견이 받아들여져 좋은 작품이 나왔지요. 하지만 영석이의 모둠은 서로 자기 의견만 내세우느라 모두의 마음에 들지 않는 작품이 나왔습니다. 나중에 칠판에 모든 모둠의 그림을 붙이고 발표하는 시간이 있었는데 발표할 사람이 정해지지 않아서 선생님께 꾸중을 들었지요. 영석이는 여럿이서 함께하는 작업에는 자신이 없습니다. 다른 아이들과 협동해서 좋은 결과를 만들어 내고 싶은데 생각대로 잘되질 않지요.

요즘 학교 교과 과정은 모둠별로 진행되는 협동 학습이 많습니다. 협동 학습에 잘 적응하기 위해서는 협동이 무엇인지, 협동 학습의 좋은 점은 무엇인지, 협동 학습의 목표는 무엇인지 아는 것이 우선적으로 필요하지요. '협동'이란 무엇일까요? 협동은 두 사람 이상의 개인 또는 단체가 서로 마음과 힘을 모아 공동의 목표를 성취하기 위해 활동하는 과정을 뜻합니다. 모둠이 낸 결과물을 통해 목표를 달성해야 개인의 목표가 달성되기 때문에 협동하는 상황에서는 좋은 결과물을 내기 위해 각 개인이 최대한 노력해야 합니다. 서로 돕고 힘을 모아야 하는 것이지요. 협동을 통해 공부를 하면 '협동 학습'이 됩니다. 협동 학습의 좋은 점은 무엇일까요?

첫째, 학업 성취에 도움이 됩니다. 모둠 안에서 다른 친구들의 모습을 보며 모델링을 할 수 있고 맡은 역할에 최선을 다해서 노력하다 보면 더 좋은 학업 성취에 도움이 되지요. 또 잘 못하는 친구들을 도와주면서 학습 내용적으로 보면 복습을 하는 효과가 생겨 학습에 효율적입니다. 둘째, 협동 학습을 하면 자신의 의견이나 감정을 적절하게 표현하면서 상호 작용하는 방법을 배울 수 있습니다. 서로 아껴 주고 배려해 주면서 신뢰 관계를 형성해 나가는 것을 배우는데 꼭 좋은 관계를 통해서만 상호 작용하는 것을 배워 나가는 것은 아닙니다. 친구들과 생기는 갈등을 해결해 가는 과정을 통해서도 아이들은 사회성을 발달시켜 나가지요. 셋째, 협동 학습을 통해 '할 수 있다'라는 자신감을 키워 나갈 수 있습니다. 모둠의 성공은 자신의 성공이기 때문에 개인적으로 자신 없는 부분에서도 성공하는 경험을 하면서 할 수 있다는 자신감, 평소 자신 없었던 부분에 또 시도하고 싶은 마음이 생겨나는 것이지요.

어려움 없이 협동 학습을 할 수 있다면 좋겠지만 자기표현에 있어서 소극적이거나 공격적인 모습을 보이는 아이들은 모둠 활동에서 수동적으로 다른 친구들이 하라고 하는 것만 하게 된다거나 의견 충돌을 일으켜 협동 학습에 곤란이 생깁니다. 협동을 위해서는 서로의 의견을 조율하는 것이 중요하지요. 각자의 의견이 반영되고 의견 조율이 이루어지면 역할을 분배해서 목표를 달성하기가 수월해지니까요. 협동 학습을 원활하게 하기 위해서는 역할에 충실하게 임하는 '책임감'이 필요합니다. 다섯 명이 한 모둠인 경우 한두 명만 열심히 참여하고 나머지 인원은 참여도가 높지 않아 맡은 부분을 대충대충 한다고 생각해 봅시다. 당연히 모둠의 결과물은 좋지 않을 것이고 열심히 한 학생들에게도 피해를 주게 되는 것이지요. 그렇기 때문에 자신이 맡은 역할에 책임을 다해야 합니다.

가족 토론 연습을 통해 모둠 활동에 적응하기

모둠 활동에 잘 적응하기 위해서 가족들이 함께 토론하는 연습을 해 보면 좋습니다. 토론 과정에서는 부모의 의견에 따라오도록 유도하는 것을 경계해야겠지요. 자녀에게 충분한 시간을 주고 스스로 의견을 정리할 수 있도록 기다려 주는 것이 필요합니다.

 부모수첩 • 07 | 우리 가족 100분 토론

1. 주제 정하기

   • 아이가 이해할 수 있는 수준의 주제를 정합니다.

   • 사회적으로 이슈가 되는 것으로 주제를 정하면 좋습니다.

2. 정보 수집하기

   • 인터넷이나 신문 등을 이용하여 정보를 수집하도록 합니다.

   • 스스로 정보를 수집해 오도록 하는 것이 좋습니다.

3. 의견 정리하기

   • 아이 스스로 의견을 정립할 수 있도록 시간을 줍니다.

4. 의견 말하기와 듣기

   • 한 사람이 토론의 진행을 맡습니다.

   • 발표 순서를 정합니다.

   • 순서대로 의견과 그 이유를 제시하고 듣습니다.

5. 반론하기

• 다른 사람의 의견에 대해 반대되는 의견이 있으면 그 이유를 설명합니다.

6. 의견 조율하기

• 다른 의견에 대해 같은 점과 다른 점을 파악하고 해결점을 찾습니다.

7. 평가하기

• 토론에 대해 느낀 점과 보완할 점 등을 이야기합니다.

PART 8

집에서 하는
학습 클리닉

집에서 준비물 챙기기, 예절 교육, 용돈 관리, 건강 관리, 학습 도구 챙기기 등을 가르쳐 줍시다.
아이들의 자기주도학습은 부모의 역할이 중요합니다.

Chapter 1

준비물을
못 챙기는
다솜이

중학생이 되면서부터는 챙겨야 할 것이 복잡해지고 필요한 메모를 본인들이 알아서 해야 하기 때문에 자녀의 자기 관리 능력이 필수적입니다. 중학생이 되기 전에 과제, 준비물 등 자신이 챙겨야 하는 것들을 꼼꼼하게 챙기는 연습을 해야 합니다. 전날에 준비할 물건과 과제 등에 대한 체크 리스트를 만들어 놓고 챙기는 것이 필요합니다.

다솜이는 6학년이 되어 학원 수업이 더 많아지고 할 일도 늘어났습니다. 이것저것 할 일이 많으니 챙겨야 하는 것이 많고 준비물도 많은데 깜박하는 경우가 많지요. 준비물을 빠뜨리거나 과제 제출하는 날을 헷갈리게 되면 수업을 제대로 받을 수 없고 담당 선생님께 야단을 맞기 때문에 스트레스를 받기도 합니다. 왠지 빠뜨린 게 있을 것 같아서 마음이 늘 불안하지요. 다솜이가 준비물을 잘 챙기지 못하니 다솜 엄마는 늘 '대기조'입니다. 다솜이가 준비물을 가져다 달라고 언제 전화할지 모르기 때문이지요.

준비물을 빠뜨리거나 지각을 하는 등 자기 관리를 잘하지 못하면 하루를 시작하면서 기분이 상하고 온종일 찜찜한 기분이 계속되기도 합니다. 중학생이 되면 과제가 더욱 복잡해질 뿐 아니라 공부할 교과목이 늘어나고 그만큼 챙겨야 할 것도 많지요. 중학생 때는 준비물을 잘 챙기는 것 자체가 수행 평가 항목이 되어 내신 성적에 반영됩니다. 초등학생 때는 챙겨야 하는 것들이 그리 복잡하지 않고 학교에서 알림장 관리를 해 주기 때문에 부모가 자녀 대신 준비물을 챙겨 줄 수 있지요. 중학생이 되면서부터는 챙겨야 할 것이 복잡해지고 필요한 메모를 본인들이 알아서 해야 하기 때문에 자녀의 자기 관리 능력이 필수적입니다. 중학생이 되기 전에 과제, 준비물 등 자신이 챙겨야 하는 것들을 꼼꼼하게 챙기는 연습을 구체적으로 해야 합니다. 준비물을 잘 챙기려면 해당일 전에 미리 준비할 물건과 과제 등에 대한 체크 리스트를 만들어 놓고 체크해 가면서 챙기는 것이 필요합니다.

준비물 체크 리스트

날짜	체크 항목		확인
4/1	내일 학교에서 공부하는 교과는 무엇인가?	국어, 사회, 과학, 수학, 미술	가방 확인 : OK
	과제물은 무엇이 있는가?	학교 독서록 제출	가방 확인 :
	항상 준비해야 하는 준비물은 챙겼는가?	필기도구 완료	가방 확인 :
4/2	내일 학교에서 공부하는 교과는 무엇인가?		가방 확인 :
	과제물은 무엇이 있는가?		가방 확인 :
	항상 준비해야 하는 준비물은 챙겼는가?		가방 확인 :

• **항상 준비해야 하는 준비물 :** 연필 네 자루 깎아 넣기, 지우개, 자, 필통, 알림장

머릿속으로만 생각하며 준비물이며 할 일을 챙겨 왔던 6학년 다솜이와 다솜 엄마는 위와 같은 체크 리스트를 함께 만들고 체크하기를 시작했습니다.

다솜이와 엄마는 준비물과 과제는 해당일 전날 모두 챙겨 놓는 것을 원칙으로 정하고 체크 리스트를 꾸준히 활용하였지요. 다솜 엄마는 엄마가 체크 리스트를 만들어 주고 싶은 유혹을 참고 다솜이에게 필요한 항목을 생각해 보도록 하였습니다. 처음에 다솜이는 어떤 항목들을 넣어야 할지 막막해했지만 평소 다솜이가 부모님과 선생님께 지적받은 사항들을 생각해 보도록 하니 어렵지 않게 필요한 항목들을 만들 수 있었지요. 그리고 다음과 같이 하루를 평가하는 것도 잊지 않았습니다.

체크 리스트 평가하기

날짜	체크 항목	확인	챙기지 못한 것	챙기지 못한 이유
4/1	준비물 완료	X	각도기	준비해야 하는 것인지 몰랐음
	과제물 완료	X	영어 학원 단어 암기	영어 학원 시간이 변경된 것을 몰랐음
	해야 할 일 완료	O		
	보완할 점			
	선생님이 가져오라고 하신 것과 수업 시간 변동 사항 잘 적어 두자!			
4/2	준비물 완료			
	과제물 완료			
	해야 할 일 완료			
	보완할 점			

    자신의 생활을 스스로 통제할 수 있는 것은 바로 자아 효능감'나는 잘할 수 있어'라는 생각과 직결됩니다. 다솜이는 체크 리스트를 사용하는 것이 처음에는 귀찮기도 했습니다. 하지만 체크 리스트를 꾸준히 사용하다 보니 복잡하게 생각됐던 체크가 수월해지고 일상생활에서 오는 스트레스와 시간에 쫓기는 상황을 줄여 나갈 수 있었지요. 다솜이는 이제 학교생활을 더 잘해 나갈 수 있다는 자신감이 생겨서 중학교 생활도 기대되기 시작합니다.

Chapter 2

예절 교육이
필요한 경진이

부모의 언어 사용 패턴을 아이들이 배워서 그대로 사용하는 경우가 많습니다. 아이들이 보는 앞에서는 고운 말을 사용해야 된다는 것을 잘 알고 있으면서도 반복적으로 이루어져 온 언어 사용 패턴을 바꾸기가 쉽지 않지요. 부부끼리 사용하는 언어, 자녀에게 자주 쓰는 말, 어조를 비롯해서 언어 사용 패턴을 점검해 봅시다.

"경진아, 선생님께 인사드려야지."

집 앞에서 담임 선생님을 만난 4학년 경진이. 엄마가 선생님과 잠깐 말씀을 나누고 헤어지려고 하는데 경진이는 다른 곳을 쳐다보면서 선생님께 인사를 드리지 않네요. 당황한 경진 엄마는 경진이에게 이야기합니다.

"경진아, '선생님 안녕히 가세요' 하고 인사드려야지. 얼른!"

엄마 말씀은 듣는 둥 마는 둥 경진이는 자꾸만 다른 곳을 쳐다봅니다. 동네에서 아는 어른을 만나도 경진이는 인사를 잘 드리지 않습니다. 경진이가 인사성 바른 아이로 성장해 나갔으면 좋겠는데……. 경진 엄마는 한숨이 나옵니다.

다른 사람에게 예의 바르게 행동하는 것은 여러 면에서 참 중요합니다. 예의란 서로 간의 약속이기 때문에 서로에 대한 믿음을 확인시켜 주어 정서적인 안정이라는 선물을 주기도 합니다. 그런데 우리 부모들이 너무 지나치게 예의를 강요해서 아이들에게 듣기 싫은 잔소리가 되는 것을 보면 참으로 안타깝지요. 미숙한 아이들이 엄마 마음에 들지 않게 어른에게 인사를 하면 엄마들의 피드백이 바로 날아옵니다.

"경진아! 바르게 인사해야지!"

"아니, 경진아! 선생님을 보고 인사해야지!"

"다시 바르게 하라니까!"

예의라는 것은 말로 강요한다고 잘 배워 나갈 수 있는 것이 아니지요. 미숙한 우리 아이들이 강요에 의해 예의를 배우는 것이 아니라 예의라는 것은 어떤 것인가 직접 예를 보면서 배워 나가도록 한다면 그 어떤 방법보다 효과적일 것입니다.

가족 간의 예의 지키기

"우리 엄마는 도깨비 같아요."

아이들이 가끔 이렇게 이야기하는 것을 듣게 됩니다.

"엄마가? 엄마는 아주 친절하고 좋으신 분이잖니."

"밖에서만 그래요!"

아이들을 양육하며 복닥복닥 고군분투하는 부모들의 모습이 어린아이들에게는 이렇게 보이는 경우가 많습니다.

"○○아, 예의 바르게 행동해야지!"

"엄마도 그러잖아!"

우리 아이들이 예의 바르게 행동하려면 가족들 간에 예의를 지키는 것이 무엇보다 중요하고 아이들의 모델이 되는 부모들이 예의 바른 모습을 보여 주는 것이 특히 중요하지요. 가족 간에 예의를 지키지 않고 함부로 말하거나 부정적으로 표현하고 서로 인사를 잘하지 않으면서 다른 사람들에게만 예의 바르게 행동하는 것은 모래성과 같습니다. 가족 간에 보이는 모습이 결국 다른 사람과의 관계에서도 나타나게 되니까요.

부모의 언어 사용의 중요성

가끔 깜짝 놀랄 정도로 거칠게 말을 하는 아이들을 만나게 됩니다. 아직 다른 사람과의 상호 작용이 활발하지 않은 우리 아이들이 어찌해서 그렇게 거친 표현을 하는 것일까요? 가만히 살펴보면 엄마, 아빠의 언어 사용 패턴을 아이들이 배워서 그대로 사용하는 경우가 많습니다. 아이들이 보는 앞에서는 고운 말을 사용해야 한다는 것을 잘 알고 있으면서도 반복적으로 이루어져 온 언어 사용 패턴을 바꾸기가 쉽지 않지요. 엄마, 아빠가 모범을 보여야 한다는 것은 아무리 강조해도 지나치지 않습니다. 부부끼리 사용하는 언어, 자녀에게 자주 쓰는 말, 어조를 비롯해서 언어 사용 패턴을 점검해 보아야 하겠습니다.

형제자매 간의 예의

형제자매 간의 라이벌 관계는 평생을 지속하게 됩니다. 심리적으로 서로 경쟁적인 관계에 있다 보니 함부로 말을 하며 다투기도 하지요. 형제자매 간에 예의에 벗어난 행동을 하게 되면 그 자리에서 짧고 따끔하게 예의 바르게 행동할 것을 훈육하고 아이들과 따로 대화하는 시간을 갖는 것이 효과적입니다. 부모의 사랑을 독차지하고 싶은 욕구가 작용해서 서로 경쟁하다 보니 다투게 되는 면이 많기 때문에 엄마, 아빠는 나를 많이 사랑한다는 믿음을 잃지 않도록 '사랑한다'라는 표현을 지속적으로 충분히 해 주는 것이 무엇보다 중요합니다. 형제자매들의 특성을 차근차근 구체적으로 설명해 주어 서로 배려하고 도와주어야 한다는 것을 알려 주면 아이들의 다툼이 줄어들게 됩니다. 이는 일곱 살 아이라도 마음으로 받아들일 수 있는 부분입니다. 형제자매 간에 예의 바르게 행동하고 사이좋게 지낼 때 적극적으로 칭찬해 주고 엄마, 아빠가 흐뭇하고 행복하다는 것을 표현하면 아이들이 서로 예의를 지키는 행동을 '강화'할 수 있다는 것을 잊지 맙시다.

평소 경진이가 보는 데서 부부 싸움이 잦았던 경진이 부모님은 경진이가 예의 바르게 행동하기를 먼저 바라기보다 부부끼리 먼저 예의 바른 행동을 해야겠다고 반성했지요. 형제자매가 없는 경진이는 친구들을 형제자매라 생각하고 예의를 지키자는 엄마, 아빠의 의견에 동의하고 친구들에게 친절하게 대하려고 노력했습니다. 그러다 보니 학교생활이 더 즐겁고 기분이 좋아져서 아파트 엘리베이터에서 모르는 사람을 만나도 '안녕하세요?' 하고 먼저 인사를 건네고 있지요.

Chapter 3

용돈 관리를
못하는 인서

용돈을 받기 시작할 때 용돈 관리를 올바르게 할 수 있는 능력을 길러 주는 것은 아이들에게 중요
한 경제 개념을 알려 줄 수 있는 좋은 기회가 될 수 있습니다. 용돈을 관리하는 능력을 키우면 돈에
대한 가치를 알게 되고 올바른 소비 습관을 길러 어른이 되어서도 재정 관리를 잘할 수 있습니다.
따라서 아이와 함께 용돈 관리에 대해 의논하고 지도하도록 합니다.

> 4학년 인서. 인서는 학교에 다녀오자마자 급하게 엄마를 부르며 오늘부터 자기도 용돈을 받고 싶다는 말을 합니다. 친구 준서는 3학년 때부터 용돈을 받고 있는데 한 달에 한 번씩 2만 원을 받고 있고 진우는 최근 들어 받기 시작했는데 일주일에 5천 원씩 받고 있다는 것이지요. 인서 엄마는 인서가 중학생이 되면 그때부터 용돈을 주어야겠다고 생각하고 있던 터라 인서가 용돈을 받게 해 달라고 졸라 대어 갑작스레 결정하려니 마음이 복잡합니다. 준비물도 다 사 주고 간식도 다 사 주는데 굳이 용돈을 주어야 할까, 준다면 도대체 얼마를 주어야 할까를 결정하려니 고민이 되지요.

 최근 어린이, 청소년을 대상으로 하는 경제 교육 프로그램들이 활성화되고 있지만 교과 학습에 비하면 자녀들이 경제 교육 프로그램에 참여하는 데 부모들이 그리 적극적이지는 않지요. 수학, 영어, 논술, 운동 등 당장 아이들에게 교육시켜 주어야 할 것들이 많은데 경제 교육까지 시킬 형편이 안되고 시간도 없다고 생각합니다. 그러다 막상 아이가 용돈을 달라고 하거나 아이 친구가 용돈을 받고 있다고 하면 그때부터 고민이 시작되지요. '지금부터 주는 게 맞을까?' '얼마를 주면 될까?' '어디까지 관리해 주어야 할까?'와 같은 구체적인 고민이 시작되고 주변 엄마들을 통해 정보를 구하기 시작하지요.

보통 1~3학년 때는 부모가 필요한 준비물을 사 주고 간식거리도 준비해 주기 때문에 아이가 직접 돈을 들고 나가서 사야 하는 일이 드뭅니다. 자녀가 4~6학년이 되면 돈을 잃어버릴 걱정이 좀 줄어들고 필요한 것을 사고 계산을 치를 수 있다고 생각하고 아이에게 돈을 맡기고 직접 필요한 것을 사 오도록 하는 일이 많아지지요. 직접 물건을 구입하는 소비 경험을 하게 되고 사고 싶은 물건이 많아지면서 아이들은 자연스럽게 용돈을 받아 쓰면 좋겠다는 생각을 하게 됩니다. 직접 용돈을 받고 관리하는 친구들이 늘어나면서 용돈을 받고 싶은 욕구가 더 커지지요. 용돈을 받기 시작할 때 용돈 관리를 올바르게 할 수 있는 능력을 길러 주는 것은 아이들에게 중요한 경제 개념을 알려 줄 수 있는 좋은 기회가 될 수 있습니다. 용돈을 관리하는 능력을 키우면 돈에 대한 가치를 알게 되고 올바른 소비 습관을 길러 어른이 되어서도 재정 관리를 잘할 수 있습니다.

용돈 관리 지도하기

① 용돈의 액수 정하기

흔히 부모들은 용돈의 액수를 정할 때 아이의 나이에 따라, 혹은 주변 친구들의 용돈의 액수를 참고해서 많은 부분을 일방적으로 결정합니다. 하지만 용돈이 필요한 것은 아이이고 쓰게 될 사람도 아이이므로 자녀와 함께 충분히 의논해서 용돈의 액수를 결정하는 것이 좋습니다. 용돈의 액수를 정하기 위해서는 먼저 용돈의 사용 범위에 대해 생각해 보아야 합니다. 용돈을 어디에 쓸 것인지 목록을 정하는 것이지요. 준비물과 각종 문구류를 사는 돈, 간식을 사 먹는 돈, 친구 생일 선물을 사는 돈, 사고 싶은 것을 사는 돈 등 용돈의 사용 범위를 어디까지 정하느냐에 따라 용돈의 액수가 달라집니다. 처음 용돈을 줄 때는 용돈의 사용 범위를 좁혀서 정해 주는 것이 좋습니다. 부모가 해결해 줄 수 있는 항목들과 아이가 해결해야 하는 항목들을 구분지어 친구 생일 선물을 사거나 사고 싶은 것 사기, 간식 사 먹기 정도로 출발해서 점차 그 범위를 넓혀 가는 것이지요.

② 용돈 받는 주기 정하기

전체 용돈의 액수가 정해지면 그 용돈을 얼마 만에 줄 것인지를 결정해야 합니다. 용돈을 처음 받기 시작하는 자녀라면 처음부터 한 달 단위로 주기보다는 일주일 정도의 짧은 기간 단위로 용돈을 주는 것이 좋습니다. 점차 용돈 관리를 잘하게 되면 주기를 조금씩 늘려 갈 수 있지만 만일 아이가 주 단위로 주는 것을 더 좋아한다면 용돈 관리 능력에 관계없이 주 단위로 계속 주어도 괜찮습니다. 그런데 용돈 받는 주기에 상관없이 부모가 지켜야 할 것은 용돈을 주기로 한 날짜에는 꼭 용돈을 주어야 한다는 것이지요. '오늘은 돈이 없으니 내일 줄게'라는 식으로 미루는 것은 아이에게 큰 실망감을 주고 부모와 자녀 간의 신뢰감 형성에도 부정적인 영향을 주니까요.

③ 용돈을 어떻게 관리할 것인지 의논하기

용돈을 어떻게 관리할 것인지 자녀와 의논을 할 때는 첫째, 용돈 계획을 세우도록 합니다. 들어올 돈은 얼마인지, 그 돈을 어디에 어떻게 쓸 것인지 구체적으로 계획해야 합니다. 쓰고 싶은 곳은 많지만 들어올 돈은 정해져 있으므로 '선택'이 필요하다는 것을 알려 주어야지요. 아이들은 욕구 충족 지연이 잘 안되어 선택하는 것을 매우 어려워하기 때문에 선택하는 것도 연습이 필요합니다. 얼마나 중요한지, 꼭 필요한지를 고려해서 우선순위를 매기도록 합시다. 우선순위에서 밀리는 것은 다음 기회로 미루는 인내심을 키울 수 있도록 격려해야 합니다. 또 저축의 중요성을 알려 주고 예산을 세울 때 저축할 돈을 미리 계획하는 습관을 길러 주는 것이 중요하겠습니다. 둘째, 용돈을 어디에 사용했는지를 기록하고 점검해 보도록 합니다. 용돈 기입장을 작성하는 방법을 알려 주고 용돈을 사용한 날에 바로 작성하는 습관을 기르는 것이 좋습니다. 하루 이틀이 지나게 되면 아이들은 용돈을 어디에 사용했는지 잊어버릴 수 있고 그러다 보면 쓰는 것이 귀찮아져서 아예 그만두게 될 수도 있지요. 용돈 기입장을 지속적으로 쓰다 보면 아이들은 자신의 용돈 사용 습관을 점검하면서 보다 계획적인 용돈 관리를 할 수 있게 되고 바른 소비 습관을 기를 수 있게 될 것입니다.

④ 용돈의 액수와 사용처를 정한 후에는 아이에게 맡기기

예산은 잘 세웠지만 사고 싶은 충동을 조절하지 못해서 더 중요한 것을 못 사는 경험을 하는 것은 몇 마디의 말로 설명하는 것보다 더 큰 가르침이 될 것입니다. 시행착오를 겪으며 점차 올바른 소비에 대해 배워 가고 예산에 맞는 소비를 하게 되지요. 아이가 관리를 잘하지 못해서 용돈이 부족한 상황이 발생하여 용돈을 더 달라고 조를 때 부모가 필요한 만큼을 또 내어준다면 아이는 충동적인 소비 습관을 고치기 힘듭니다. 용돈이 왜 부족하게 되었는지를 자녀와 함께 검토해야 하며 준비물과 같이 꼭 필요한 것을 구입해야 하는 경우라면 필요한 만큼을 빌려 주고 다음 달에 조금씩 갚도록 하는 것이 좋습니다. 혹은 집안일 돕기 등 아이의 노력과 수고로 얻을 수 있는 대가를 받아 아이가 필요한 만큼 용돈을 마련할 수 있는 기회를 주고 자신의 소비 행동에 대해 책임감을 느낄 수 있도록 하는 것이 필요합니다.

인서와 엄마는 일주일 용돈을 5000원으로 정하고 용돈 관리 연습을 시작했지요. 용돈을 관리하는 것도 중요한 자기 관리이며 학습 능력과 연결된다는 것을 인서는 배워 나가기 시작합니다.

인서의 용돈 예산 내역

	내용	금액
수입	부모님 용돈	5000원
	아버지 신발 닦기 아르바이트	1000원
지출	장난감	1000원
	간식	2000원

인서의 용돈 지출 내역

날짜	내용	들어온 돈	나간 돈	계
7/1	지난주에 남은 돈	500원		500원
7/1	용돈	5000원		5500원
7/2	저축		1500원	4000원
	신발 닦기 아르바이트	1000원		5000원
7/3	아이스크림		700원	4300원

인서의 용돈 결산 내역

	내용	금액
수입	지난주에 남은 돈	500원
	부모님 용돈	5000원
지출	장난감	2000원
	간식	2000원

Chapter 4

건강관리가
걱정되는 미수

건강 관리는 평생의 과업이기도 합니다. 하지만 스스로 관리하는 훈련을 하지 않으면 나이가 들어서도 자신의 몸 관리에 대해 간과하게 되기 쉽습니다. 그러므로 일찍부터 자신의 건강 관리를 스스로 하는 연습을 해 두는 것이 중요합니다. 건강 관리를 하는 데는 목표가 중요합니다. 목표를 정할 때는 구체적으로 정하는 것이 좋습니다.

미수는 하루 종일 앉아 있는 시간이 많습니다. 공부를 하는 시간 외에도 TV를 보거나 인터넷을 하고 만화책을 보는 등 앉아서 노는 시간이 많고 밖에 나가서 노는 일은 거의 없습니다. 밤늦게 재미있는 텔레비전 프로그램을 보느라 밤늦게 잠이 들기 일쑤입니다. 미수가 좋아하는 음식은 햄버거와 피자입니다. 저녁을 먹을 때에도 나물이나 김치에는 거의 손을 대지 않습니다. 그러다 보니 미수의 건강 상태가 별로 좋지 않고 체력도 많이 떨어져 있는 것 같습니다. 건강한 생활을 하려면 어떻게 해야 할까요?

공부하는 것을 마라톤에 비유하곤 합니다. 장기적으로 꾸준히 해야 하는 것이 공부이고 그렇기 때문에 공부를 하는 데 가장 중요한 것은 장기 레이스를 뛸 수 있는 건강한 신체를 유지하는 것입니다. 1~3학년 아이들의 건강은 부모가 모든 것을 관리할 수 있지만 4~6학년이 되면서 자신의 건강 관리는 그 몫이 아이들 스스로에게 주어지게 됩니다. 그렇기 때문에 자칫 신경 쓰지 않으면 관리가 되지 않아 건강을 잃게 될 수도 있는 것이지요. 건강 관리에는 섭식 관리, 운동 관리, 수면 관리, 청결 관리 등이 있습니다. 이 중 한 가지라도 제대로 관리되지 않으면 건강의 균형이 깨지게 되는 것이지요.

건강 관리는 평생의 과업이기도 합니다. 하지만 스스로 관리하는 훈련을 하지 않으면 나이가 들어서도 자신의 몸 관리에 대해 간과하게 되기 쉽습니다. 그러므로 일찍부터 자신의 건강 관리를 스스로 하는 연습을 해 두는 것이 필요합니다. 건강 관리를 하는 데는 목표가 중요합니다. 목표도 없이 그냥 무작정 건강 관리를 하게 되면 지속적으로 되기보다는 작심삼일이 되기 쉽습니다. 목표를 정할 때는 아이에 맞게 구체적으로 정하는 것이 좋습니다.

부모 수첩 · 08 | 건강 관리의 예

1. 청결 관리

   • 아침, 저녁으로 세면을 한다. 그중 1회는 샤워를 한다.

   • 양치질은 매끼 식사 후 3분간 실시한다.

   • 용변을 본 후에는 반드시 비누질해 손을 씻는다.

2. 섭식 관리

   • 하루 세 끼를 모두 먹는다.

   • 불량 식품을 먹지 않는다.

   • 비타민 알약을 꼭 먹는다.

3. 운동 관리

   • 매일 30분씩 운동한다.

   • 운동 종목은 자전거 혹은 줄넘기로 선택할 수 있다.

4. 수면 관리

   • 매일 기상 시간은 7시 30분을 넘지 않는다.

   • 매일 취침 시간은 10시 30분을 넘지 않는다.

목표를 정한 후에는 관리한 사항을 기록표에 매일 기록해 둡니다. 기록하는 것은 아이 스스로 하도록 합니다. 관리한 사항을 기록하는 것은 매우 중요합니다. 다이어트를 하는 사람에게 매일 먹은 음식을 기록해 보라고 하면 그것만으로도 다이어트 효과가 난다고 합니다. 기록을 하는 것은 자신이 어떻게 하고 있는지를 스스로 느끼도록 해 주고 그때마다 더 잘해야겠다는 동기를 주기 때문에 매우 중요한 것이지요. 그리고 일주일간 기록된 기록표를 토대로 잘된 부분과 부족한 부분에 대해 적어 보고 다음 목표에 반영합니다. 청결 관리 등은 어떻게 보면 아이가 수치심을 느낄 수 있는 부분이 있을 수 있으므로 부모는 결과에 대해 야단치거나 재촉하기보다는 아이가 스스로 판단하도록 하는 것이 좋습니다.

미수는 부모님과 함께 상의해서 다음과 같은 건강 관리 표를 만들어서 체크해 나가기 시작했습니다. 체크 표를 만들어서 건강 관리를 하니 몸도 마음도 상쾌해져 집중이 더 잘되는 미수는 요즘 무척 즐겁습니다.

미수의 건강 관리 프로젝트 표

	청결		식습관		운동		수면	
월	세면(샤워)	아침, 저녁	식사 여부	아, 점, 저	운동 여부	O X	기상 시간	시 분
	양치질	아, 점, 저	정크 푸드	O X	운동 시간	분	취침 시간	시 분
	손 씻기	O X	비타민제	O X	운동 종류			
화	세면(샤워)	아침, 저녁	식사 여부	아, 점, 저	운동 여부	O X	기상 시간	시 분
	양치질	아, 점, 저	정크 푸드	O X	운동 시간	분	취침 시간	시 분
	손 씻기	O X	비타민제	O X	운동 종류			
수	세면(샤워)	아침, 저녁	식사 여부	아, 점, 저	운동 여부	O X	기상 시간	시 분
	양치질	아, 점, 저	정크 푸드	O X	운동 시간	분	취침 시간	시 분
	손 씻기	O X	비타민제	O X	운동 종류			
목	세면(샤워)	아침, 저녁	식사 여부	아, 점, 저	운동 여부	O X	기상 시간	시 분
	양치질	아, 점, 저	정크 푸드	O X	운동 시간	분	취침 시간	시 분
	손 씻기	O X	비타민제	O X	운동 종류			
금	세면(샤워)	아침, 저녁	식사 여부	아, 점, 저	운동 여부	O X	기상 시간	시 분
	양치질	아, 점, 저	정크 푸드	O X	운동 시간	분	취침 시간	시 분
	손 씻기	O X	비타민제	O X	운동 종류			
토	세면(샤워)	아침, 저녁	식사 여부	아, 점, 저	운동 여부	O X	기상 시간	시 분
	양치질	아, 점, 저	정크 푸드	O X	운동 시간	분	취침 시간	시 분
	손 씻기	O X	비타민제	O X	운동 종류			
일	세면(샤워)	아침, 저녁	식사 여부	아, 점, 저	운동 여부	O X	기상 시간	시 분
	양치질	아, 점, 저	정크 푸드	O X	운동 시간	분	취침 시간	시 분
	손 씻기	O X	비타민제	O X	운동 종류			

• **한 것에 체크하기**

Chapter **5**

학습 도구를 잘 챙기지 않는 정찬이

공부하는 데 도움을 줄 수 있는 도구들을 반드시 모두 갖출 필요는 없겠지만 아이에게 도움이 될 만한 도구를 선별해서 갖추도록 한다면 좀 더 효율적인 공부를 하는 데 있어 분명 도움이 될 것입니다. 필요한 학습 도구들을 어떻게 사용하는 것이 좋은지, 언제 사용하는 것이 좋은지를 알려 주고 꾸준히 사용할 수 있는 습관을 기르도록 지도합시다.

정찬이는 어릴 때부터 자기 물건에 대한 애착이 별로 없었습니다. 부모님께 조르고 졸라서 갖고 싶은 물건을 손에 넣어도 어느 순간 신경 쓰지 않고 어디다 두었는지도 모를 정도이지요. 학교에서 프린트물을 받아 와도 가방 여기저기 쑤셔 넣고 시험 기간에 교과서를 잃어버렸다고 집에 가져오지 않는 일도 반복됩니다. 필통도 잘 챙기지 않아서 가방에 연필만 하나 달랑 넣고 다니는데 그나마 연필도 잃어버릴 때가 많아서 수업 시간에 혼나기 일쑤입니다.

요리를 할 때 필요한 재료들이 있고 그 재료들이 골고루 잘 갖추어졌을 때 맛있는 음식이 만들어지듯이 아이들이 공부를 할 때도 필요한 도구를 갖추고 있어야 하지요. 재료가 다양하고 많다고 해서 꼭 맛있는 요리가 만들어지는 것은 아니지만 신선하고 좋은 재료를 사용했을 때 좀 더 나은 맛을 낼 수 있는 것은 사실입니다. 공부도 마찬가지이지요. 문제집이 많이 쌓여 있고 좋은 필기도구가 있다고 해서 공부를 잘하게 되는 것은 아니지만 공부에 도움이 될 만한 문제집이나 자료들, 학용품 그밖에 학습에 필요한 도구들을 갖춘다면 공부를 보다 효율적으로 하는 데 도움을 줄 수 있습니다.

공부할 과목들의 문제집이나 전과 등 공부할 교재 잘 챙기기

4~6학년 교과 내용은 이전 학년에 비해 난이도가 높아지고 기초 부분을 응용한 학습이 많아지기 때문에 교과서만으로 공부하기엔 부족합니다. 교과 내용의 이해를 도와줄 수 있는 보충 설명과 보충 자료가 있는 교재, 공부한 내용을 문제 풀이

로 확인할 수 있는 교재, 보다 다양한 문제로 응용력과 사고력을 키워 줄 수 있는 교재 등을 갖추고 공부할 때 적절한 시기에 사용할 수 있도록 지도합시다. 시중에는 고르기 힘들 정도로 너무나 다양한 교재들이 나와 있습니다. 아이의 학습 수준과 학습 스타일에 맞는 문제집을 잘 선택해야 합니다. 비슷한 수준의 교재들 중에서 선택할 때는 아이가 좀 더 흥미와 관심을 갖는 교재를 직접 고르게 하는 것이 좋습니다. 그리고 구입한 교재들의 목록을 작성해 두면 좋습니다. 간혹 학기 초에 교재를 여러 권 사 두었다가 무엇을 샀는지 기억을 못하는 경우가 있습니다. 교재 목록을 작성해 두면 어떤 교재를 갖고 있는지 확인할 수 있고 과목별로 어떠한 과목에 비중을 두고 있는지 점검할 수 있습니다. 수학 교재와 영어 교재는 여러 권인데 국어 교재는 하나도 없는 경우도 있지요.

모르는 부분과 궁금한 부분을 좀 더 자세히 해결해 줄 수 있는 학습 도구 갖추기

요즘 컴퓨터가 없는 가정이 거의 없고 대부분의 아이들은 자료를 찾거나 궁금한 점을 인터넷을 통해 쉽게 해결합니다. 알고 싶은 것들을 인터넷을 통해 해결하는 방법은 다양한 정보들을 손쉽게 찾아 쓸 수 있다는 장점이 있으나 인터넷을 통해 얻는 자료들은 내용의 질적인 면과 난이도 면에 있어서 적절하지 않을 수도 있습니다. 컴퓨터보다는 편리하지 않겠지만 책이나 백과사전을 통해 궁금함을 해결하는 습관을 기를 수 있도록 지도합시다. 두껍고 무거우며 이해하기 어려운 일반 백과사전보다는 아이들이 쉽게 이해할 수 있도록 풀이되어 있는 학생용 백과사전이 좋습니다. 아이들은 궁금한 내용을 찾기 위해서 책장을 넘기는 과정에서 다른 정보들에 대한 관심을 키울 수 있으며 필요한 정보를 찾아내는 정보 탐색 능력도 기를 수 있습니다.

단어의 뜻을 모를 때 찾을 수 있는 도구들도 여러 가지가 있습니다. 인터넷, 전자사전, 책 사전 등이 있겠고 요즘은 휴대 전화로도 가능하지요. 또한 교과서에 나오는 용어들을 정리한 개념 사전 등도 도움이 됩니다. 중·고등학생이 되면 찾아야 할 영어 단어의 양이 많아지고 공부할 시간도 부족하기 때문에 효율성 면에서 전자사전을 사용하는 것이 무방하겠지만 초등학생의 경우에는 종이 사전을 이용하는 것을 권유합니다. 종이 사전을 사용하게 되면 찾는 단어 말고도 많은 정보에 노출될 수 있으며 집중력을 기를 수 있기 때문이지요. 평소 부모가 사전을 보는 모습을 자주 보여 주고 아이들이 질문하거나 궁금해하는 것이 있을 때 백과사전이나 국어사전 등을 함께 찾아봐 주도록 합시다. 그러다 보면 아이 스스로 사전을 찾기 시작할 것입니다.

다양한 필기도구와 노트, 플래너 등의 학용품 갖추기

공부 습관을 들이기 위해서 학습 계획 세우기를 꾸준히 해 나가야 하는데 이때 일정 기간 두고 쓸 노트나 학습 플래너를 이용하는 것이 좋습니다. A4 용지나 메모지 등 낱장의 종이에 적는 것은 그날의 학습 계획을 보는 데는 무리가 없겠지만 전체적인 학습과 학습 습관을 점검하는 데는 효율성이 떨어집니다. 적어도 한 달에서 6개월 정도 쓸 수 있는 두께의 다이어리 형태의 학습 플래너를 사용하게 되면 공부 습관을 점검할 수 있고 그동안 공부해 온 것들을 보고 뿌듯함과 성취감을 느끼거나 반성하는 계기가 되지요. 일일 계획 및 주간 계획을 한눈에 점검할 수 있고 월간 계획에는 학사 일정이나 개인적으로 중요한 날들을 기록해서 스스로 자신의 스케줄을 챙기는 습관을 기를 수 있습니다. 또한 요점 정리나 노트 정리를 효과적으로 하기 위해서는 색깔 펜이나 형광펜, 포스트잇도 도움이 됩니다. 꼭 기억해야 하는 내용들은 눈에 띄도록 색깔 펜이나 형광펜으로 표시해 두고 포스트잇에 따로 적어 자주 눈에 띄게 해 주는 것도 좋은 방법입니다.

공부하는 데 도움을 줄 수 있는 도구들을 반드시 모두 갖출 필요는 없겠지만 아이에게 도움이 될 만한 도구를 선별해서 갖추도록 한다면 좀 더 효율적인 공부를 하는 데 있어 분명 도움이 될 것입니다.

정찬이는 부모님과 대화를 나누는 과정에서 학습 도구를 잘 갖추는 것이 자기주도학습에 꼭 필요한 과정임을 다시 한 번 생각하게 되었지요. 엄마와 함께 대형 문구점에 가서 자신의 마음에 드는 색색의 필기도구들을 고르고 근사한 필통도 구입했습니다. 필기도구들에는 라벨에 이름을 적어서 붙이고 가지고 있는 교재들에도 이름을 적어 두었지요. 부모님이 이름을 적어 줄 때는 별로 관심도 안 가던 물건들에 일일이 직접 이름을 적어 놓고 보니 뭔가 뿌듯한 마음이 들고 자기 물건을 더 잘 챙겨야겠다는 결심을 하게 되는 정찬이. 용돈을 받으면 정기적으로 문구점에 가서 필요하고 마음에 드는 필기도구를 하나씩 구입해야겠다고 생각해 봅니다. 샤프로 대충 노트 정리하던 정찬이는 색색의 펜으로 중요한 부분에 표시하고 교과서에도 펜을 사용하고 싶어서 밑줄을 그으며 책을 읽게 되었지요.

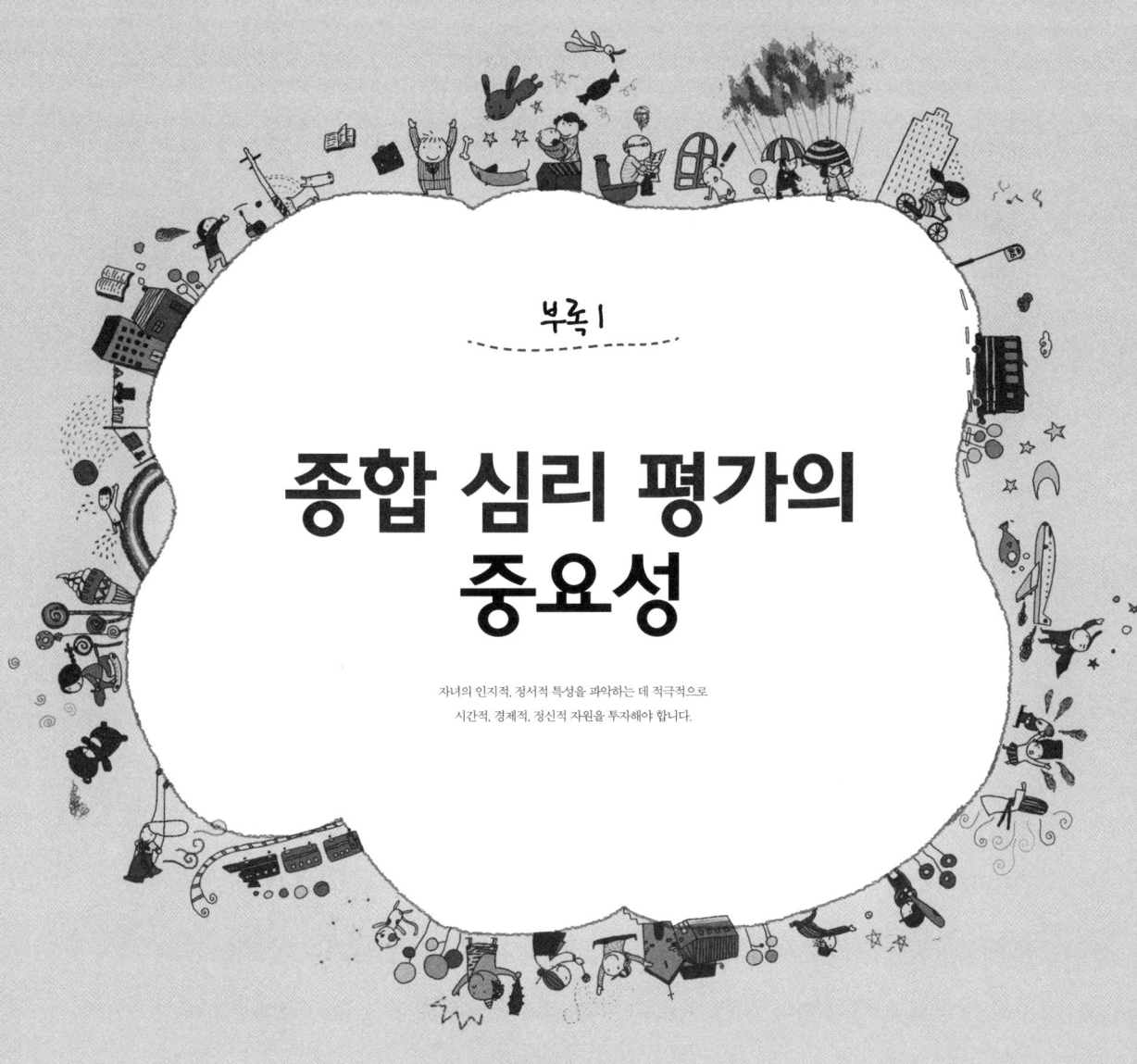

부록 1

종합 심리 평가의
중요성

자녀의 인지적, 정서적 특성을 파악하는 데 적극적으로
시간적, 경제적, 정신적 자원을 투자해야 합니다.

종합 심리 평가의 중요성

1학년 정은이는 끊임없이 말을 합니다. 엄마, 아빠가 그만 좀 이야기하라고 말해도 정은이는 하루 종일 이 얘기 저 얘기 할 말이 너무 많지요. 안 그래도 정은이가 좀 부산한 것 같아서 걱정이 되던 엄마, 아빠는 학교 공개 수업 후 담임 선생님과 했던 개별 상담 때문에 걱정이 더 늘었습니다. "정은이 어머님, 아버님, 정은이가 수업 시간에 집중을 잘 하지 않고 친구들과 계속 장난을 치려고 해서 야단을 좀 맞습니다."

정은이가 학교 공부를 잘 따라갈 수 있을지 엄마, 아빠는 불안하기만 합니다.

대학 입시가 다양해지고 입학 사정관제니, 자기주도학습 전형이니 하는 말들이 들려오면서 공부 방법에 대한 관심이 높아지고 있습니다. 공부 방법에 대한 특강이 있는 곳은 그 열기가 엄청나지요. 공부 방법에 따라 학습의 효율과 효과가 크게 달라지므로 공부법에 관심이 높은 것은 자연스러운 일입니다. 부모들이 자녀 교육에 막대한 시간적·경제적·정신적 자원을 쏟아붓는 것 또한 자연스러운 일이지만 정보가 부족해서 방향을 엉뚱하게 잡고 많은 자원을 허비하는 일이 비일비재합니다.

자녀의 자기주도학습 능력을 키워 주기 위해서는 자녀의 특성을 객관적으로 파악하는 것에서부터 출발해야 합니다. 자녀의 성격적 특성은 부모가 누구보다도 잘 알 수 있지만 자녀의 인지적·정서적 특성에 대해서는 막연하게 추측을 할 뿐 객관적으로 파악하기가 쉽지 않습니다. 자녀의 특성을 객관적으로 파악하기 위해서 어떤 검사를 받아야 하는지에 대한 정보가 부족하기 때문에 이런저런 잡다한

검사를 받으며 비용과 시간을 낭비하면서 검사에 대한 부정적인 시각을 키우기도 하지요. 또한 학교나 유치원, 학원 등에서 실시하는 집단 지필 검사 결과만을 바탕으로 교육 계획을 세우는 경우가 많은데 집단검사 결과는 참고 자료로 활용하는 것이 좋습니다. 집단으로 실시하는 검사에는 관찰에 의한 평가가 배제되기 때문에 좀 더 깊이 있는 정서, 주의력 등을 반영하는 결과가 나오기 어렵기 때문이지요.

자녀의 특성을 객관적으로 파악하기 위해서는 개인 정밀 검사(종합 심리 평가 : 지능, 정서, 주의력 등으로 구성)를 받는 것이 효과적인데요. 예전에는 정서적·학습적 문제가 심각하게 발생하면 병원을 찾아가서 정밀 검사를 받았기 때문에 검사에 대한 오해가 많습니다. 그래서 문제가 있을 때 받는 검사라고 잘못 알고 검사받기를 무조건 꺼리는 부모들을 흔히 볼 수 있어 안타까울 때가 너무도 많습니다.

요즘은 병원에 가지 않고도 상담 센터, 학습 클리닉 같은 곳에서 자녀의 특성을 파악하기 위한 '종합 심리 평가'를 받아 볼 수 있습니다. 자녀에게 어떤 문제가 있어서가 아니라 자녀의 특성에 대한 좀 더 객관적인 자료를 모아서 효과적으로 교육 계획을 세우는 데 도움이 되기 때문에 '종합 심리 평가'는 중요합니다. 마치 우리 몸의 건강을 위해서 미리미리 종합 검진을 받아 보는 것과 같지요. 자녀가 어떤 어려움을 겪고 있다면 그 원인을 객관적으로 파악해서 적극적으로 대처하고 특별한 어려움이 없어도 체계적인 교육 계획을 세우는 데 자녀의 특성을 파악하는 것은 무엇보다 중요합니다. 자녀가 만 5세 무렵(취학 전 6, 7세)이 되면 종합 심리 평가를 받아 볼 것을 권하는데요. 학교에 입학해서 본격적으로 단체생활을 하며 공부해 나가기 전에 자녀의 특성에 대한 정보를 모아 교육 계획을 세우는 것이 큰 도움이 되기 때문입니다. 평가의 시기는 따로 정해진 것이 아니므로 만 5세 이후의 자녀를 두었다면 종합 심리 평가를 받는 것을 고려하기 시작합시다.

'지능'이라는 것에 오해가 많아서 지능이 정상으로 보이면 공부하는 데 문제가 없다고 생각하고 마음만 먹으면 할 수 있는 게 공부라고도 생각하지요. 그래서 자녀가 어떤 때는 과제를 잘 해결하고 또 어떤 때는 너무 늦게 혹은 너무 어렵게 해결하는 모습을 보이면 부모는 더 화가 나게 됩니다. 그런데 과제 수행에 기복이 많은 경우 동기의 문제가 아니라 현재 자녀의 인지적 · 정서적 특성이 강하게 영향을 미치고 있는 경우가 많으므로 자녀의 특성을 파악하고 보완점을 찾아 대처하는 것이 효과적입니다. 지능 하나만 보아도 전체 지능 지수가 중요한 것이 아니라 지능을 이루고 있는 항목들이 균형을 잘 맞추고 있는 것이 중요하니까요.

자녀 교육에 막대한 자원을 쏟아붓고 있으나 정작 내 자녀의 인지적 · 정서적 특성을 파악하는 데 소홀한 것은 참으로 모순된 일입니다. 자녀가 보이는 표면적인 모습에 주목하지 말고 어떠한 특성으로 인해 그러한 모습을 보이는지 알고 자녀 교육을 체계적으로 해 나가기 위해서 자녀의 특성을 파악하는 데 좀 더 적극적으로 시간적 · 경제적 · 정신적 자원을 투자해야겠습니다. 아이들이 보이는 표면적인 모습은 동일하더라도 원인은 각기 다르지요.

자녀의 모습 중에 우려가 되는 부분이 있다면 더욱 더 망설이지 말고 종합 심리 평가를 받을 수 있도록 해야겠습니다. '시간이 지나면 나아지겠지……' 생각하며 소중한 시간을 낭비하며 자녀의 우려되는 부분이 더 심해지면 그때서야 방법을 찾고 평가를 받는 경우가 많습니다. 시간이 지나면서 나아질 수도 있고 그렇지 않을 수도 있습니다. 자녀 교육을 이렇게 '확률'에 맡기는 것은 참으로 안타까운 일이지요.

자녀가 보이는 모습의 원인을 찾고 해결책을 찾을 수 있는데도 적극적으로 대처하지 않을 이유가 없습니다. 신체적인 건강 검진을 하듯이 자녀의 인지적&정서적 특성에 대해서도 건강 검진이 필요하다는 것을 꼭 기억합시다.

부록2

최정금 선생님이
추천하는 학습 능력
향상 교구

'놀면서 배우고 배우면서 논다'라는 확고한 관점을 바탕으로
두뇌의 전 영역을 발달시켜 학습 능력을 향상시킬 수 있도록
즐거운 공부 환경을 만들어 나갑시다.

교구를 통한 학습 능력 향상

　최근 교구를 활용한 놀이 학습에 대한 관심이 높아지고 있습니다. 획일적으로 이루어지는 '종이 위의 학습'에서 벗어나 우리 아이들이 교재를 사용해서 즐겁게 공부해 나갈 수 있는 환경을 만들어 주기 위한 노력이지요.

　한동안 '보드게임방'이 유행했던 적이 있었는데 시중에서 접할 수 있는 보드게임은 부모가 어떤 관점으로 보느냐에 따라 단순한 재미를 위한 게임으로 볼 수도 있고 자녀의 학습 능력 향상을 위한 훌륭한 교구로 볼 수도 있습니다. 아이들이 보드게임을 즐겨하면 '논다'라고 생각하는 경우가 많이 있지요. 그러나 보드게임을 잘 활용하면 주의력, 기억력, 수학적 능력을 높여 주고 언어 발달, 정서 발달 등에 효과적이어서 자녀의 학습 능력을 향상시키는 데 큰 도움이 됩니다.

　공부를 하기 위해 책상에 앉는 과정부터 자녀와 실랑이를 하는 경우가 많은데 책상에 앉아 있는 시간을 늘려 가기 위해 '교과 공부' 교재만을 사용해서 공부하도록 하는 것은 어린아이들에게 효과적이지 않습니다. 교구를 활용하면 아이들이 즐겁게 책상에 앉아 있을 수 있습니다. 책상에 앉아 있는 과정에 점점 익숙해질 수 있는 것이지요. 시중에서 판매하는 교구뿐만 아니라 요즘은 '엄마, 아빠표' 교구에 대한 관심도 높아지고 있습니다. 시중에서 판매되고 있는 교구들을 활용하는 것은 자녀 교육에 성의가 부족한 것으로 생각되기도 해서 엄마, 아빠표에 의무감을 느끼는 부모들이 많습니다. 엄마, 아빠표 놀이 학습과 시중에서 판매되고 있는 교구들을 활용하는 것의 장단점은 다음과 같은 것들이 있습니다.

엄마, 아빠표 놀이 학습의 장점

• 경제적으로 다양한 놀이 학습을 지도할 수 있다.

• 다양한 재료로 신선함을 주어 자녀의 흥미를 끌 수 있다.

• 교구를 직접 만들면서 자녀와의 친밀감을 높이고 정서 발달을 도울 수 있다.

엄마, 아빠표 놀이 학습의 단점

• 교구를 만드는 데 시간이 많이 소요될 수 있다.

• 교구를 적절하게 만들지 못하면 자녀가 놀이 학습을 충분히 못할 수 있다.

• 자칫하면 다양한 놀이 학습을 포기하게 될 수 있다.

시중에서 판매하는 교구의 장점

• 효율적으로 놀이 학습 교구를 얻을 수 있다.

• 색감이나 질감이 아이의 흥미를 끌 수 있다.

• 가정에서 생각해 내기 어려운 놀이 학습에 대한 정보를 쉽게 얻을 수 있다.

시중에서 판매하는 교구의 단점

• 비용이 많이 든다.

• 비슷비슷한 도구들을 사용하면 식상해져서 자녀의 흥미를 떨어뜨릴 수 있다.

• 여러 용도로 변형이 쉽지 않다.

시중에서 판매하는 교구의 선택

우리가 흔히 보드게임이라고 부르는 교구들은 아이에게 즐거운 장난감이 되고 효과적인 학습 도구도 되지요. 시중에서 판매하는 교구는 게임 형식으로 되어 있는 것이 많은데 앞서 언급했듯이 이것을 그저 게임으로만 볼 것이 아니라 자녀의 학습 능력을 향상시키는 훌륭한 도구가 된다는 관점으로 적절한 교구를 찾아야 합니다. 자녀에게 적절한 교구를 고르기 위해 다음과 같은 사항을 고려해 봅시다.

첫째, 자녀의 발달 수준에 적합한 교구를 고르도록 해야 합니다. '좋은 교구'는 자녀의 연령과 발달 수준에 맞는 교구입니다. 부모가 욕심을 내서 자녀의 발달 수준에 맞지 않는 교구를 고르면 처음 몇 번 시도하다가 흥미를 잃게 되므로 주의해야 합니다.

둘째, 안전한 교구를 골라야 합니다. 경제적인 부담이 된다고 값싼 교구들 위주로 선택해서 쉽게 부서진다든가 하면 자녀의 안전에 해가 될 뿐만 아니라 자주 교구를 교체해야 하기 때문에 오히려 경제적인 부담이 더 되지요. 하나를 고르더라도 안전하게 잘 만들어진 교구를 선택해야 합니다.

셋째, 아이들의 흥미를 끄는 교구를 고르는 것이 좋습니다. 교구를 구입하는 사람이 부모이기 때문에 자칫하면 부모의 흥미를 끄는 교구를 선택할 수가 있지요. 구입을 할 때는 일일이 직접 사용해 보고 구입할 수는 없어도 자녀의 흥미를 끄는지 교구 사진을 보여 주고 간단한 사용법도 이야기해 주면서 교구 선택 과정에 자녀가 동참할 수 있도록 해야겠습니다.

최정금 선생님 추천 교구

다음은 최정금 선생님이 아이들을 지도하는 현장에서 직접 사용해 본 교구들 중에서 가장 효과적이었던 25가지의 교구를 소개한 것입니다.

학습 영역		추천 교구
주의 집중	사파리	주어진 문제 카드와 같이 동물들을 배치한 다음 자동차가 미로를 빠져나올 수 있도록 하는 게임
	할리갈리	2~6명이 과일 그림이 그려진 카드를 나누어 가진 후 한 장씩 뒤집으면서 정해진 규칙에 따라 빨리 종을 친 사람이 카드를 가져가는 게임
	젠가	2~6명이 쌓아 놓은 나뭇조각 탑에서 순서대로 돌아가며 탑이 무너지지 않게 나무 막대를 빼내는 게임
	구슬 퍼즐	수준별로 제시된 문제에 따라 구슬 조각을 배치하고 나머지 부분을 채우는 퍼즐
	도미노	원하는 모양으로 칩을 세워 완성한 후에 쓰러뜨리는 놀이

학습 영역		추천 교구	
수	로보 77		숫자 카드로 2~6명이 함께 하는 덧셈 놀이
	가우스 엑스		각자에게 주어진 개수만큼의 숫자 칩을 이용하여 구구단을 완성해 가는 게임 (덧셈, 뺄셈, 나눗셈으로도 변형할 수 있음)
	째깍째깍		사각 카드에 제시된 시간과 같은 둥근 카드를 찾아 '스내치'라고 외치면서 카드를 낚아채는 놀이 (1단계 : 30분, 15분, 45분 / 2단계 : 분 단위 / 3단계 : 오전, 오후)
	숫자의 강		2~6명이 함께 선택한 카드를 이용하여 자신의 칩을 빨리 놓는 과정에서 1~100까지의 수를 쉽게 배우게 되는 게임
	계산대 놀이		2~4명이 물건을 사고 계산을 해 주는 수, 역할 놀이

학습 영역		추천 교구	
기억	치킨 차차		2~4명이 놓인 카드를 뒤집어 앞에 있는 그림으로 이동하며 카드 위치를 기억하는 게임
	로띠		당근 카드에 있는 색깔과 일치하는 발바닥을 가진 토끼를 찾는 사람이 당근을 얻을 수 있는 게임
	펫나프		2~5명이 함께 숫자 카드를 더하고 빼면서 쉽게 즐기는 게임
	유령의 성		2~4명이 함께 여덟 가지 유령의 이름을 빨리 말하여 카드를 모으는 게임
	하노이 탑		몇 가지의 규칙에 따라 지정된 자리로 탑을 옮기는 게임

학습 영역		추천 교구	
언어	게스 후 리인벤션		상대방이 선택한 인물을 알아내는 게임 (스무고개처럼 질문을 하면 '예 / 아니오'로만 답해야 함)
	징고		카드 분배기에서 나온 단어를 빨리 말하여 자신의 징고판을 빨리 채워 가는 게임
	딕싯		3~6명이 함께 84장의 그림 카드를 이용하여 생각나는 단어, 문장, 속담, 노래 등을 말하고 가장 어울리는 카드를 고르는 게임
	사계절 이야기		2~4명이 1년 주기판을 따라 경주하며 각 계절과 색색의 카드를 정해진 수만큼 모으는 게임
	비눗방울		비눗방울을 만들기 위해 입으로 바람을 불어넣는 과정을 통해 언어 발달에 유용한 구강 근육을 발달시키는 활동

학습 영역		추천 교구	
정서	인생 게임		2~6인이 함께 회전판을 돌리며 인생 전반에 걸친 경험을 해 보는 게임
	트위스터		2~8명의 사람이 나온 색깔에 맞추어 신체를 접촉해야 하는 온몸으로 즐기는 게임
	점토		아이가 원하는 색깔, 모양, 방식대로 만들어 볼 수 있는 유연성 높은 활동
	모래 놀이 세트		개방적인 놀이 도구인 모래, 콩, 쌀 등을 활용하여 아이가 원하는 대로 조작해 볼 수 있는 활동
	샌드백		때리고 차고 올라타는 등 활발한 신체 활동을 통해 스트레스 해소에 도움을 주는 활동

※ 자세한 활용법은 인터넷 교구 사이트나 온라인 교재 교구 쇼핑몰 '최정금학습놀이터(www.choistudymall. co.kr)'를 참고하세요.

교구를 활용한 놀이 학습이 주는 효과

첫째, 시각-운동 협응 능력이 발달합니다. 교구를 조작하려면 눈과 손의 협응 능력이 필요합니다. 아이들은 교구를 조작하는 반복적인 행동을 통해 손과 눈, 두뇌의 협응 능력이 점점 발달하게 됩니다. 공부를 잘하는 데도 이런 협응 능력이 무엇보다 요구되는데 예를 들어 학교에서 수업을 들을 때 칠판이나 선생님을 보면서 필기를 하는 '협응'이 필요하지요.

둘째, 정서 발달이 활발해집니다. 틀에 박힌 공부를 하기보다 자유롭게 교구를 조작하면서 다양한 색감을 접하고 차근차근 생각하면서 정서적인 안정감을 가질 수 있습니다. 정서 발달에 특히 초점을 맞춘 교구들이 많이 있기 때문에 이러한 교구들을 잘 활용하면 평소 억눌려 있던 감정을 발산할 수 있어 정서 발달에 매우 효과적입니다.

셋째, 자신감과 성취감을 얻습니다. 아이들은 교구 조작을 통해 자신의 욕구를 마음껏 능동적으로 표현할 수 있고 그 결과물에 대해 칭찬받는 경험을 통해 자신의 능력에 대해 자신감과 성취감을 얻을 수 있습니다. 이러한 경험을 통해 어려운 교과 공부에 도전할 수 있는 용기도 생겨나지요.

넷째, 신체 발달을 도와줍니다. 교구를 조작하기 위해서는 어깨와 팔 등의 대근육과 손가락 등의 소근육을 사용하게 되지요. 교구 활동은 한창 성장하는 시기에 있는 우리 아이들의 신체 발달에 좋은 영향을 미칩니다.

다섯째, 표현력을 키워 줍니다. 자유롭게 교구를 조작하면서 부담 없이 즐겁게 생각을 표현할 수 있어 아이들의 표현력을 기르는 데 교구 활동은 효과적입니다.

언어적인 표현, 신체적인 표현을 통해 창의력도 키워 나갈 수 있지요.

여섯째, 두뇌를 발전시킵니다. 자신의 생각을 표현하고 행동으로 옮기기 위해서는 주변의 반응을 살피면서 많은 생각을 하게 되지요. 이런 과정을 통해 자녀의 사고력이 길러지고 두뇌 발달로 연결되고 향상된 집중력, 기억력을 바탕으로 효과적으로 공부해 나가는 데 도움이 됩니다.

교재 자체만을 가지고 자녀와 씨름을 하면서 학습에 대한 거부감을 키워 나가는 엉뚱한 방향을 잡지 말고 '놀면서 배우고 배우면서 논다'라는 확고한 관점을 바탕으로 두뇌의 전 영역을 발달시켜 학습 능력을 향상시킬 수 있도록 즐거운 공부 환경을 만들어 나갑시다.

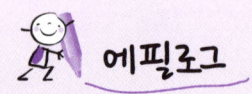

아이들이 벌써 초등학교 4~6학년. 그것을 바라보는 부모의 마음은 초조하기 그지없습니다. 이제 곧 중학생이 되고 몇 년만 있으면 수능을 치러야 합니다. 그 마음은 마치 아이들을 전쟁터에 내보내야 하는 것 같을지도 모릅니다. 그렇기에 부모는 자녀에게 많은 것들을 해 주고 싶어 합니다. 그러다 자칫 잘못하면 자녀가 주도적으로 학습하기보다는 부모가 주도하는 학습이 되어 버리기도 하지요.

옛날 조선 시대 학자 김만중이 유배지에서 어머니를 안심시키기 위해 〈구운몽〉을 쓸 정도로 효심이 깊었다는 것을 알고 계신가요? 김만중과 그의 형 김만기는 어려서부터 홀어머니의 가르침으로 공부에 힘썼다고 합니다. 그의 어머니는 훌륭한 양육 태도로 아주 유명했다고 하는데 책을 살 돈이 없어 어머니가 손수 책을 베껴 교과서로 쓰게 할 정도로 교육에 엄청난 열의가 있었다고 합니다. 그의 어머니는 특이한 교육 방식을 갖고 있었는데 아들들이 책을 읽을 때는 다른 방에서 문을 닫거나 발을 내려 어머니의 얼굴을 보지 못하게 했다는 것입니다. 왜냐하면 아들들이 글을 잘 읽으면 어머니가 얼굴에 미소를 띨 것이고 글을 잘 읽지 못하면 어머니의 얼굴이 찡그려질 것이라고 생각한 것이지요. 행여나 기쁜 낯빛을 보며 거만해지거나 찡그린 표정을 보면서 좌절할 것을 걱정했기 때문입니다. 김만중의 어머니는 형제들이 주도적으로 공부하기를 바랐습니다. 김만중과 김만기 두 형제는 모두 조선 최고의 지위인 홍문관 대제학까지 오르는 대학자들이 되었습니다.

자기주도학습에서 부모의 역할은 아주 중요합니다. 자칫 오해하기 쉬운 것이 자기주도학습은 자녀가 무엇이든 스스로 척척 해내어 부모가 손 놓고 지켜보기만 하는 것으로 생각하기 쉽습니다. 자녀가 공부할 때 스스로 하되 스스로 하기 힘든 부분은 어떻게 도움받을 수 있는지를 파악해서 도움을 요청할 줄 아는 것이 자기주도학습입니다. 자녀가 도움이 필요할 때 언제든지 도와줄 수 있도록 지켜보고 응원하고 격려하는 것이 바로 자기주도학습을 서포트하는 부모의 역할인 것이지요.

즐겁고 신나는 자기주도학습이 되길 바라며 자녀를 위해 애쓰시는 부모님과 열심히 공부하는 우리 자녀들, 파이팅합시다!

2012년 4월

저자 최정금, 정혜전, 정희연